FLORENCE
HAZRAT

DAS AUSRUFE-ZEICHEN

Eine rebellische Geschichte

*Aus dem Englischen von
Stephan Pauli*

HarperCollins

Die Originalausgabe erschien 2022 unter dem Titel
An Admirable Point. A Brief History of the Exclamation Mark!
bei Profile Books, London.

1. Auflage 2024

Deutsche Erstausgabe

Gesetzt aus der Garamond Premier Pro
von GGP Media GmbH, Pößneck
Druck und Bindung von CPI books GmbH, Leck
Printed in Germany
ISBN 978-3-365-00488-3
www.harpercollins.de

Dieses Buch ist denen gewidmet,
die den kleinen Dingen ihre Aufmerksamkeit schenken.
Und Alpoleius, der ein neues Satzzeichen erfand,
das uns dazu einlädt, mehr zu staunen und zu bewundern
– möglichst mit Leib und Seele.

Inhaltsverzeichnis

EINLEITUNG

Die pikanten Freuden des !

Am 21. Januar 1788 hätte ein Trio !!! das Projekt der Vereinigten Staaten von Amerika fast zum Scheitern gebracht, noch bevor es richtig begonnen hatte. Die *Boston Gazette* hatte eine prägnante Schlagzeile in Großbuchstaben gedruckt und diese durch drei hysterische Ausrufezeichen verstärkt, sodass sie die Öffentlichkeit in größte Besorgnis über die Zukunft der jungen Nation stürzte. Von »BESTECHUNG UND KORRUPTION!!!« war die Rede. Weiter las man, dass »der teuflischste Plan ausgeheckt werde, um jene Mitglieder der Versammlung zu bestechen, die sich der Annahme der neuen Verfassung widersetzten«. Politikern in Massachusetts würden »große Summen« von einem »Nachbarstaat« geboten, damit sie ihre Bedenken gegen das wichtigste Dokument des neu formierten Staates, die Verfassung, aufgäben.

Die Verfassung der Vereinigten Staaten war in vier inspirierenden Monaten ausgearbeitet worden, musste allerdings noch in mindestens neun der dreizehn Gründerstaaten ratifiziert werden, ehe sie in Kraft treten konnte. Der Weg dorthin war beschwerlich. In den örtlichen Versammlungen kam es zu hitzigen Debatten über genau jene Fragen, derentwegen die Staaten sich von ihrem Mutterland losgesagt hatten: Besteuerung, Handelskontrollen, Gewaltenteilung, persönliche Freiheiten. Im Januar 1788 hatten die ersten fünf Staaten die Verfassung ratifiziert, doch in Massachusetts war der Prozess ins Stocken geraten. Zweifel fielen hier auf fruchtbaren Boden, und der Artikel in der *Gazette* schürte das Feuer der Unzufriedenheit und des Misstrauens. Die Macht dieser !!!, die öffentlichen Gefühle aufzuheizen, war so groß, dass George Washington eingreifen musste. Er teilte der Staatsversammlung mit, dass sie der Verfassung auf jeden Fall zustimmen müsse, dass es jedoch eine Reihe von Zusatzartikeln geben werde, die den Bedenken der Delegierten Rechnung tragen würden. Aus diesen Zusatzartikeln sollte schließlich die Bill of Rights hervorgehen, die die Grundrechte der Bürgerinnen und Bürger gegenüber der Regierung ins Zentrum der politischen Identität Amerikas rückte.

Die Versammlung von Massachusetts nahm den Verfassungsentwurf daraufhin an, und die Vereinigten Staaten von Amerika waren geboren. Einer Reihe von Ausrufezeichen sei Dank!

– !!! –

Das ! lässt uns aufschreien – so sehr, dass man es als Schreihals, als Lärmstange, Macho und Brüller bezeichnet hat. Es ist aufbrausend und maßlos, ein emotionaler Verstärker, dessen extravaganter Gestus die Leser wissen lässt: *Hier geht es um Gefühle!* In dieser Rolle musste das ! übermäßig heftige Kritik einstecken. So veröffentlichte das britische Bildungsministerium 2016 eine neue Richtlinie für Grundschüler, die einen öffentlichen Aufschrei nach sich zog: Lehrer wurden dazu aufgefordert, Schüler, die eine als exzessiv empfundene Anzahl von Ausrufezeichen verwendeten, schlechter zu benoten. Ein ! sollte nur noch am Ende von Sätzen stehen, die mit »wie« oder »was« beginnen (wie in »Wie dumm!« und »Was für ein Unsinn!«). Die Öffentlichkeit und die Medien protestierten gegen diese als diktatorisch empfundene Sprachpolitik, obwohl die Regierung natürlich nichts anderes im Sinn hatte, als die jungen Bürger des Landes vor jener Krankheit zu schützen, die im Volksmund als »Bangorrhea« – auf Deutsch also etwa: »Knall-Durchfall« – bezeichnet wird.

Doch nicht nur konservative Regierungsbeamte nehmen Anstoß am Ausrufezeichen. Viele Autoren haben uns davor gewarnt, das Ausrufezeichen als eine billige Form des Nachdrucks zu verwenden. F. Scott Fitzgerald erklärte, ein Ausrufezeichen sei, als würde man über seine eigenen Witze lachen; Terry Pratchett erfand in seinen *Scheibenwelt*-Romanen eine Figur, die sagte, mehrere

Ausrufezeichen seien ein »sicheres Zeichen für einen kranken Geist (und der Gebrauch von fünf davon »weist eindeutig auf jemanden hin, der seine Unterhose auf dem Kopf trägt«). Das Ausrufezeichen ist stets »zu«: zu laut, zu auffällig, zu mächtig, zu präsent. Der Journalist Philip Cowell verspottet das selbstbewusste, selbstbezügliche Dasein des ! und nennt es das »Selfie der Grammatik«. Und auf dem Blog Excessive Exclamation regen sich einige Streber über den inflationären Gebrauch von !, !!! oder gar !!!!!!!!!! im öffentlichen Raum auf und posten entsprechende Fotos.

Gibt es das Ausrufezeichen also nur für die Unvernünftigen, die Verwirrten und die nach Selbstrepräsentation süchtige Generation Z? Ist es die fettige und schwer verdauliche Beilage, die wir auf dem bereits reich gefüllten Bankett der Sprache nicht wirklich benötigen? Wenn dem so ist, überrascht es umso mehr, dass es vom Persischen bis zum Mandarin in fast jeder Sprache existiert. Erstaunlich ist auch, mit wie vielen wahrscheinlichen und unwahrscheinlichen kulturellen Funktionen wir das Ausrufezeichen beauftragt haben. Seine präzise und ausdrucksstarke »Ta da!« Eigenschaft brachte Victor Hugos Verleger dazu, auf ein banges ?-Telegramm des Autors mit einem kurzen, triumphierenden »!« zu antworten. Die Verkaufszahlen seines gerade erschienenen Romans *Les Misérables* gingen durch die Decke. Und der Schriftsteller Christian Morgenstern verpasste dem

Ausrufezeichen in seinem Humorgedicht »Im Reich der Interpunktionen«, das den Mord an den Semikolons beschreibt, die Rolle des empathischen Predigers bei dessen Beerdigung.

Ein gerader Abwärtsstrich über einem knackigen Punkt: Das Ausrufezeichen mit seiner einmalig selbstsicheren Form besitzt eine gehörige Schlagkraft. Im Jahr 2010 ließ die amerikanische Kinderfernsehsendung *The Electric Company* niemand Geringeren als die Hip-Hop-Legende LL Cool J verschiedene Regeln zur Zeichensetzung rappen, während überlebensgroße animierte Versionen jedes einzelnen Satzzeichens neben ihm aufpoppten. Das erste, das neben ihm auftauchte und sich zu doppelter Größe des Sängers aufschwang, war das Ausrufezeichen in seiner imposanten Form und mit der Ausstrahlung eines herrischen Vorgesetzten.

Das berühmte Ermittler-Trio *Die drei ???* aus der gleichnamigen Jugendbuchreihe stellt Fragen über Fragen, bis sie selbst den tiefsten Geheimnissen auf die Spur kommen. Im Jahr 2006 führte der deutsche Kosmos-Verlag das längst überfällige weibliche Pendant des Trios mit dem Namen *Die drei !!!* ein und baute dabei geschickt auf den Wiedererkennungswert des Logos.

– !!! –

Wenn es ein Satzzeichen gibt, das potenziell einem Phallus ähnelt, dann das !. Der allseits beliebte französische Komiker Pierre Desproges mahnt uns im Scherz, ein derart oberflächliches Satzzeichen zu meiden, »dessen anmaßendes, nur einen Hoden zur Schau stellendes Design gegen jede Bescheidenheit verstößt«. Womöglich ist dies der Grund, warum Henry Miller, ein Wegbereiter sexuell expliziter Literatur, übereifrige erotische Schriftsteller warnte: »Zügelt eure Ausrufezeichen!« In der Geschichte selbst darf ruhig einiges passieren, doch sollte nicht das ! die Quelle der Erregung sein. Eine der größten Unterhaltungskünstlerinnen der ersten Hälfte des 20. Jahrhunderts (und gleichzeitig eine der am besten bezahlten Frauen ihrer Zeit), die französische Kabarettistin Mistinguett, sagte, »ein Kuss kann ein Komma, ein Fragezeichen oder ein Ausrufezeichen sein«. Beim Kuss mit ! dachte sie bestimmt nicht an keusche Wangenküsschen.

Das Ausrufezeichen (samt seiner Form) besitzt auch eine gewisse Schockwirkung: Das ! bedeutet erhöhte Aufmerksamkeit und Protest. So erwies es sich als wirkungsvolles Instrument für die Abgeordneten des Europäischen Parlaments, die bei einer Sitzung 2013 in Straßburg mit einem stummen Meer aus Ausrufezeichen ihren Unmut über die autoritären Änderungen der ungarischen Verfassung zum Ausdruck brachten.

Ungarns Angriff auf die Demokratie provoziert das
Europäische Parlament.

Das Ausrufezeichen hält uns auf Trab, und wenn wir es sehen, wissen wir, dass gerade etwas Bemerkenswertes, möglicherweise etwas Gefährliches oder Provokatives passiert. In den Listen, die von professionellen Scrabble-Spielern verwendet werden, markiert ein Ausrufezeichen ein Wort, das zwar als beleidigend gilt, jedoch unter gewissen Umständen, wenn nicht gar unbedingt, dennoch gelegt werden sollte. Im Jahr 1978 veröffentlichte das Merriam-Webster-Wörterbuch die erste Scrabble-Liste, sah sich jedoch bald mit Kritik konfrontiert, weil sich unter die tendenziell unschuldigeren Schimpfwörter auch rassistische und sexistische Begriffe mischten. Unter dem Druck verschiedener Interessengruppen, von Menschenrechtsorganisationen bis hin zu Scrabble-Spielervereinigungen, begannen die Herausgeber des Wörterbuchs und die Spielzeugfirma Mattel daraufhin Listen zu veröffentlichen, die den soziolinguistischen Befindlichkeiten ihrer Zeit Rechnung tragen. Derzeit verboten sind Beleidigungen wie LEZ (abfällige Bezeichnung für Lesben), jedoch auch Wörter jenseits der Gebote der Höflichkeit wie FARTED, BOOBIE und PISSED (wenngleich FUCK bislang wohl verschont wurde). Mattels Ray Adler bemerkt, dass es »in Scrabble – wie im richtigen Leben – auf die Wortwahl« ankomme. Und Gleiches gilt für die Zeichensetzung.

Das Ausrufezeichen hat etwas, das uns in Bewegung versetzt. Mit drei einfachen schwarzen Strichen verwandelt der Motivationsautor James Victore eine Schmiererei aus schreiendem Orange in eine entschlossene Streichholzfigur, die uns ermutigt, »einfach anzufangen«, anstatt so lange über ein Projekt nachzudenken, bis es einschläft, noch bevor es überhaupt in Gang gekommen ist.

Das Ausrufezeichen erzeugt Aufregung und überträgt sie auf andere. Der Legende nach reiste der deutsche Bischof Johannes Fugger im 12. Jahrhundert zur Krönungsfeier des Heiligen Römischen Kaisers und schickte seinen Prälaten voran, um für ihn die Schenken mit den besten Weinen ausfindig zu machen. Der Prälat sollte die Türen der als gut befundenen Örtlichkeiten mit einem in Kreide geschriebenen lateinischen »est« markieren (»hier gibt es«, wie in »hier gibt es guten Wein«). Als er das Dorf

Einfach mal loslegen! James Victores motivierendes Ausrufezeichen.

Montefiascone erreichte, stieß der Prälat auf einen derart köstlichen Wein, dass er ein begeistertes »Est! Est!! Est!!!« an die Gasthaustür schrieb. Der Bischof war von dem Getränk so hingerissen, dass er seine Reise abbrach, obwohl er sich gerade einmal hundert Kilometer von Rom entfernt befand, und verbrachte den Rest seines Lebens damit, in Gesellschaft seines Prälaten Wein aus Montefiascone in sich hineinzukippen. Diese Geschichte ist eine Legende, denn das Ausrufezeichen wurde erst

Hunderte von Jahren später erfunden, doch dem Ruf des Weins hat dies nicht geschadet. Noch heute kann man Weißwein der Marke *Est! Est!! Est!!!* kaufen, wenngleich dieser bei Kennern weniger beliebt ist als bei Fuggers Gefährten.

Man hüte sich vor jenen, die nicht angemessen begeistert sind. In einer denkwürdigen Szene zwischen Elaine (der weiblichen Hauptfigur aus *Seinfeld*) und ihrem damaligen Freund Jake bemerkt Elaine am Ende einer von Jake geschriebenen Notiz das eklatante Fehlen von !. Eine ihrer Freundinnen hatte telefonisch ausrichten lassen, dass sie ein Baby bekommen habe. Elaine fragt sich, ob eine derartige Nachlässigkeit in der Zeichensetzung ein Hinweis auf ein fehlendes emotionales Interesse an ihrem Leben sein könnte (obwohl sie ihrem Freund davon nichts erzählt). Der Konflikt um das Ausrufezeichen spitzt sich schnell zu und führt zu einer hitzigen Trennung, bei der Jake aus der Wohnung stürmt, Elaine anschreit, sie solle seinen Abschiedsworten, denen er eine in die Luft gezeichnete !-Geste folgen lässt, ein Ausrufezeichen anfügen: »Ich mach die Flatter!«

Es gibt eine kleine, aber feine Reihe von Satzzeichen-Szenen in Fernsehkomödien: In der US-Version von *The Office* etwa planen Jim und Dwight eine Geburtstagsparty für ihre Kollegin Kelly, bei der sie bis hin zum Plakat alles vermasseln. Dwight hängt ein schlichtes Schwarz-Weiß-Schild mit der Aufschrift »DU HAST GEBURTSTAG.«

auf, womit er Jim auf die Palme bringt, der ein leidenschaftliches Ausrufezeichen für das Mindeste hält, was man für eine Kollegin tun könne. »Eine Darstellung der Fakten«, hält Dwight dagegen: »So ist das viel professioneller. Sie hat ja kein Mittel gegen Krebs entdeckt.«

– !!! –

Doch man muss keine bahnbrechenden medizinischen Entdeckungen patentieren, um auf der !-Welle zu reiten. Viele Bands, Marken und Fernsehshows kennen den Unterschied zwischen einem einfachen Punkt und einem Punkt mit Aufschwung. Während die Sängerin P!NK die Bombe in der Namensmitte platzen lässt, nutzen Yahoo!, Jeopardy!, Moulin Rouge! und Mamma Mia! das Ausrufezeichen eher als Sprungbrett am Ende. Das deutsche Modeunternehmen Joop! wollte sich das Zeichen in seinem Logo JOOP! sogar urheberrechtlich schützen lassen und brach einen drei Jahre währenden Rechtsstreit mit dem europäischen Markenamt vom Zaun, bis seine Forderung schließlich vor dem Europäischen Gerichtshof zurückgewiesen wurde. Im Ausrufezeichen liegt eine Art von Entschlossenheit, eine Eile, die den Leser auf die Seite des Jetzt bannt. Der Jazzmusiker Jackie McLean verdoppelt diese Übereiltheit noch, wenn er ! auf seinem Album von 1964 leicht nach vorne kippt und sie Zeile für Zeile wild von links nach rechts laufen lässt.

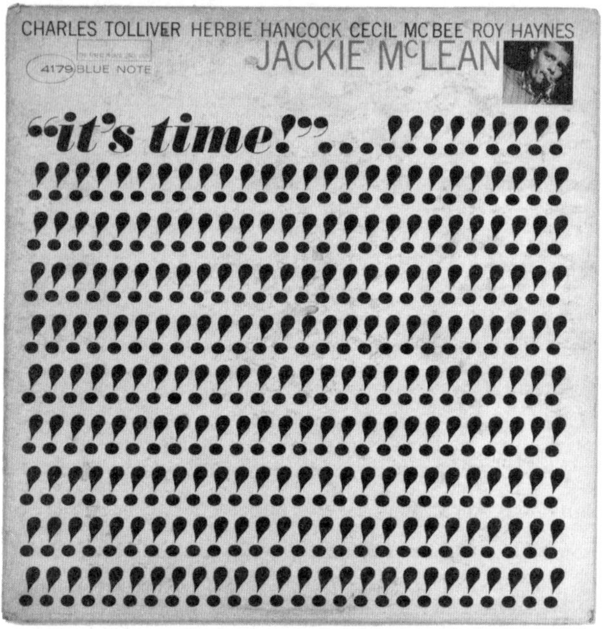

Ein halbes Jahrhundert später kann ein ! uns immer noch aufschrecken, wenn wir es dicht an dicht mit seinen Brüdern und Schwestern stehen sehen. Im Jahr 2010 veröffentlichte das Punkrock-Kollektiv Bomb the Music Industry! ein Album mit dem eingängigen Titel *Adults!!!: Smart!!! Shithammered!!! And Excited by Nothing!!!!!!!*. Mit sieben Ausrufezeichen am Ende. Doch wie spricht man ein freistehendes Ausrufezeichen überhaupt aus? Nun, die amerikanische Rockband !!! kennt man auch unter dem nur wenig praktikablen Namen *Chk Chk Chk*.

Ausrufezeichen explodieren in unseren Ohren und Mündern: Das Internationale Phonetische Alphabet verwendet das !, um Laute anzuzeigen, bei denen die Zunge sich direkt hinter der oberen Zahnreihe befindet und einen Klicklaut erzeugt, den man etwa in mehreren südwestafrikanischen Khoisan-Sprachen wie »!Kung« findet. Die meisten Gebärdensprachen kennen für Satzzeichen bestimmte Handbewegungen, die die geschriebenen Formen imitieren, doch im Fall des Ausrufezeichens wird diese Aufgabe von Gesicht, Posen und Gesten übernommen.

Das berühmteste musikalische Ausrufezeichen steckt im Namen der für immer auf ein Weihnachtslied reduzierten Band Wham!, die von den Schulfreunden George Michael und Andrew Ridgeley im Jahr 1981 gegründet worden war. Mit Blick auf ihr interpunktuelles Markenzeichen erklärte Ridgeley einmal, das in Comics übliche Wort für Zusammenstöße, gefolgt von einem vorlauten Ausrufezeichen, würde die »Energie« und »Freundschaft« des Duos perfekt repräsentieren. Wham! sei ein »schwungvoller, unmittelbarer, lustiger und ungestümer« Name, den man nicht so schnell vergesse. Kurz vor Weihnachten 2020 verwandelte ein Fan das Ortsschild des nordenglischen Dorfes »Low Wham« in »Last Christmas Wham!« (So wie das Lied vorhersagt, sah das Schild am nächsten Tag noch genauso aus).

Die Verwandlung von Low Wham!

Es gibt Ausrufezeichen auf Schildern, und es gibt Ausrufezeichen in der Natur. Die kleinen türkischen Inseln Yılan und Siçam, gleich vor der Südwestküste der Region Antalya gelegen, bilden aus der Luft betrachtet ein perfektes Ausrufezeichen. Tatsächlich bedeutet der Name der langen, schlanken Insel Yılan »Schlange« und jener der kreisrunden Insel Siçam, die sich unter dem bedrohlichen Kopf ihres Satzzeichengegenstücks zusammenkauert, »Maus«.

Die Geografie kennt das erstaunliche Phänomen eines ! in einigen Ortsbezeichnungen. Ein Paradebeispiel hierfür

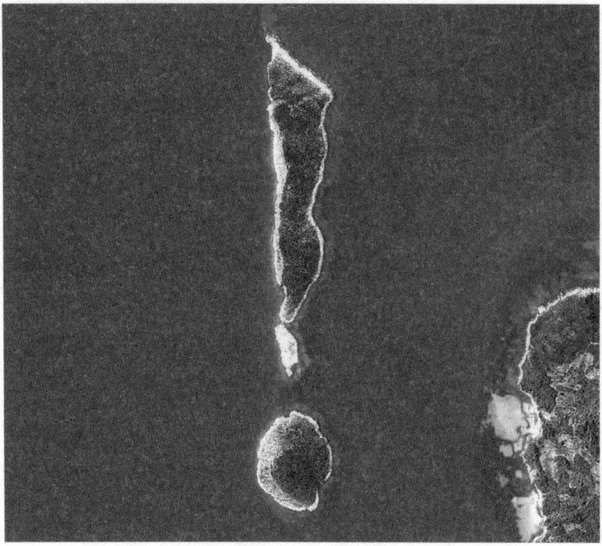

Yılan und Siçam versehen die türkische Ägäis-Küste mit einem Ausrufezeichen.

ist der Badeort Westward Ho! in der englischen Grafschaft Devon, der mithilfe eines Ausrufezeichens Touristen anzulocken versucht (der Name samt ! geht auf den gleichnamigen Roman von Charles Kingsley aus dem Jahr 1855 zurück). Doch den Guinness-Weltrekord für die Stadt mit den meisten Ausrufezeichen im Namen errang 2017 Saint-Louis-du-Ha! Ha!. Wie genau die kleine Stadt der kanadischen Provinz Quebec zu ihrem Namen kam, ist nicht geklärt – womöglich hatten die Gründungsmissionare einen überraschten Ausruf getan, als sie in eine unerwartete Sackgasse in Form eines vor ihnen liegenden Sees tappten.

An der Princeton University wurde das ! für Pfadangaben in frühen Formen von E-Mails verwendet. In Nachahmung neuronaler Netzwerke, die Informationen zunächst zerlegen, um sie ökonomisch zu entschlüsseln und zu übertragen, hatte eine prototypische E-Mail-Adresse die Form *Princton!maths!Bob*. Die Nachricht lief von der Princeton-Zentrale auf den Mathematik-Server und von dort zu einem Mitglied dieses Fachbereichs, in diesem Fall zu Bob; die Ausrufezeichen repräsentierten die jeweiligen Schnittstellen. Wenn Mathematiker Spaß haben wollen, denken sie sich Fakultäten aus, die sie mit ! kennzeichnen. Oder sie erfinden sogenannte »Schreikarten«, in denen ungewöhnliche Funktoren f und g mit $f_!$ oder $g^!$ gekennzeichnet werden.

In der Schachnotierung werden außerordentliche Züge mit !! kommentiert: ein einfaches ! bezeichnet einen starken Zug; !? bedeutet interessant, aber riskant, und ?! kennzeichnet ein zweifelhaftes Manöver.

Das ! taucht überall in unserem Alltag auf, sei es in Gedichten, Museen und hochtrabenden Forschungsprojekten oder in Werbeanzeigen, Tweets und der Popkultur. Das vielseitige Ausrufezeichen überwindet ohne Mühe gesellschaftliche Schranken und passt sich allen erdenklichen Situationen und Kontexten an. Es ist ein Chamäleon, das unsere Stimmung auf erfreuliche wie auf beunruhigende Weise beeinflussen kann. Unerschütterliche Anhänger wie eingefleischte Gegner wissen: Mit großem Geschick weckt es in uns starke Emotionen genauso, wie es die Gefühle der Schreibenden registriert. Das Ausrufezeichen schleicht sich in unsere Gehirne und Körper, es macht uns nervös – und genau so sollte es auch sein.

– !!! –

Unsere *Rebellische Geschichte* hat sich zum Ziel gesetzt, das Ausrufezeichen von seinem viel geschmähten und missverstandenen Platz am unteren Ende der Satzzeichenhierarchie zu erlösen. Sie will darlegen, warum es durchaus Sinn ergibt, einen Schrei in Texten als solchen zu kennzeichnen (man denke etwa an die zoologische Feststellung »Das ist eine Ente.« im Gegensatz zum empörten Ausruf »Das ist eine Ente!« über eine möglicherweise lancierte und kriegsauslösende Falschmeldung), und sie entwickelt ein viel differenzierteres Verständnis zur Funktionsweise von Ausrufezeichen in Sätzen und unseren Köpfen. Sie untersucht, wie das Ausrufezeichen vor etwa sechshundert Jahren entstand, und liefert Argumente, warum es sinnvoll ist, an ihm festzuhalten. Wir werden die verschiedenen Formen aufzeigen, in denen das Ausrufezeichen seine Spuren in der Kunst, der Literatur, der Popkultur und fast allen anderen Formen menschlichen Tuns hinterlassen hat.

Das verräterische Ausrufezeichen birgt Bedeutungen auch jenseits des Texts und fordert für sich neue Aufgaben auf unerwarteten Gebieten. Damit ist das ! anfällig für Missbrauch; sein umstrittenes Charisma führt es in die dunklen Gefilde der Massenmanipulation, wie die Kapitel über Politik, Werbung, Kognitionswissenschaft und digitale Kommunikation zeigen werden.

Das Ausrufezeichen. Eine rebellische Geschichte ist eine unverhohlene Begeisterungsbekundung für das, was der in Princeton lehrende Literaturwissenschaftler Lee Clarke Mitchell die »spiked delights«, die »pikanten Freuden« von ! nennt. Es regt uns dazu an, aufmerksam zu bleiben, genau hinzusehen, innezuhalten und nachzudenken. Es macht eine scheinbar transparente und zurückhaltende Zeichensetzung sichtbar, sodass ihre Rolle innerhalb der Kommunikation begriffen werden kann. Wenn man mit 280 Zeichen langen Tweets Wahlen beeinflussen, Pandemien kartieren und Märkte erschüttern kann, kommt es darauf an, die Verheißungen und Fallstricke von Buchstaben, Schriftarten, Emojis und Satzzeichen, vor allem aber der paradoxen !!! zu verstehen.

In seinem Englisch-Französisch-Wörterbuch von 1611 definierte Randle Cotgrave das ! als »Punkt der Bewunderung (und der Verabscheuung)«. Die Klammer, die sich in eine ansonsten klare Definition geschlichen hat, zeigt, dass das Ausrufezeichen eindeutig und zugleich auch schwer zu bestimmen ist. Es kann mehrere, sich zuweilen widersprechende Bedeutungen annehmen – Verwunderung wie Verachtung. Es entgleitet uns, es kennt die Höhen und Tiefen im Spektrum menschlicher Gefühle.

Diese unberechenbare Mehrdeutigkeit hat uns schon immer beunruhigt. Vielleicht, weil das Ausrufezeichen seinen natürlichen Lebensraum, das Papier, verlässt und in unsere Körper eindringt, weil es ein gefühlsbezogenes Zeichen ist und uns eine emotionale Reaktion abverlangt. Angst, Zorn, Überraschung, Freude – plötzlich erwachen abstrakte Buchstaben zum Leben, sie werden von einem Punkt und dem darüber hängenden Strich zu Gefühlen. Ein ! übt Kontrolle über uns aus. Dieses Buch lädt dazu ein, ihm diese zu überlassen.

ERSTES KAPITEL

Ein äußerst pathetischer Punkt

Mit ! durch die Zeiten

Geschirrspüler, Autos, Handys. Wie oft halten wir inne und denken über die Dinge nach, die wir jeden Tag benutzen und die uns das Leben entscheidend erleichtern? Und das bezieht sich nicht nur auf Dinge, sondern auch auf gesellschaftliche Rituale wie Weihnachten oder den Handschlag, ja selbst auf das Schreiben, eine siebentausend Jahre alte Errungenschaft, die wir von Generation zu Generation weitergegeben haben. All diese Dinge, all diese Gewohnheiten und intellektuellen Erfolge gab es nicht schon immer, sie mussten irgendwann erfunden werden. Und doch nehmen die meisten von uns sie als gegeben hin. Wir erachten es als selbstverständlich, dass wir unsere Gedanken in einen Haufen willkürlicher Schnörkel zwängen, die die Zeilen eines Blattes Papier oder eines Bildschirms bevölkern, und dass dieselben Schnörkel wiederum in den Köpfen oder Kehlen anderer Menschen am anderen Ende der Welt oder in einer fernen unbekannten Zukunft zum Leben erwachen können.

Aber nicht nur Buchstaben haben ihre Geschichte, sondern auch jene kleinen Tupfer, die hier und da zwischen eigensinnige Wörter gestreut werden, um (nicht immer erfolgreich) deren anarchische Tendenzen zu orchestrieren. Die alten Griechen und Römer etwa verstanden die Schrift noch als Aufzeichnung des gesprochenen Wortes und nicht als eigenständige Manifestation der Sprache. Deshalb kamen sie gar nicht auf die Idee, zwischen einzelnen Wörtern Raum zu lassen, siefabriziertenalsoinetwasoetwaswasaberdaslesenziemlichmühsamundlangsammachte. Das war zwar gewiss platzsparend (was besonders nützlich sein kann, wenn man jeden Buchstaben in Marmorblöcke meißeln muss), jedoch für ungeübte Griechisch- oder Lateinleser, die keine Ahnung hatten, wo ein Wort endete und ein neues begann, eher kontraproduktiv, von all den kunstvoll verschachtelten Satzungetümen ganz zu schweigen. Antike Bibliothekare, Lehrer und Schüler entwickelten deshalb ein Zeichensystem, das half, die Anatomie von Sätzen zu verstehen und zu wissen, wo man eine Pause einlegen sollte, um Luft zu holen.

Erste Fassungen von Komma, Punkt und Doppelpunkt (plus Leerzeichen zwischen den Wörtern zur besseren Übersicht) wurden zu Krücken des Lesens und Schreibens, und sie erfüllten ein knappes Jahrtausend lang ihren Zweck.

Vom 5. bis ins 13. Jahrhundert betrieb die Kirche das Handwerk des Schreibens fast allein, was zu einem Mangel an Experimentierfreude und Fortschritt führte. Doch vom 13. Jahrhundert an entwickelten sich die italienischen Stadtstaaten und begannen, das alleinige Recht der Kirche auf das geschriebene Wort infrage zu stellen. Lesen und Schreiben eroberten Bereiche jenseits der Theologie: den Handel, die Diplomatie und sogar die Liebeslyrik. Doch mit Zunahme des Textverkehrs konnten drei Satzzeichen die Last der Kommunikation nicht mehr allein tragen: Neue Zeichen waren nötig, um die Feinheiten der Schrift herauszustellen, und so schlossen sich Frage- und Ausrufezeichen den Reihen der Interpunktionszeichen an. Sie halfen Lesern, den Tonfall eines Satzes mit einem Blick zu erfassen.

Während das Fragezeichen seinen Weg in die weltliche Schrift außerhalb der Klostermauern fand (wo es den musikalischen Zweck erfüllte, das Heben der Gesangsstimme anzuzeigen), war das Ausrufezeichen der Geniestreich eines Mannes, der irgendwann in der Mitte des 14. Jahrhunderts von dem Wunsch gepackt wurde, ein völlig neues Zeichen zu schaffen. In seiner Abhandlung *Ars punctandi* (*Die Kunst der Zeichensetzung*) sinniert der italienische Gelehrte und Dichter Jacobus Alpoleius de Urbisaglia: »Als ich sah, dass die exklamatorischen oder admirativen Sätze auf die gleiche Weise gesprochen wurden wie fortlaufende oder Fragesätze, gewöhnte ich mir an, das

Ende solcher Sätze durch einen deutlichen Punkt und ein Komma seitlich über demselben Punkt zu kennzeichnen.« Eine Art Punkt, über dem rechts versetzt ein Komma oder Apostroph schwebt. Ein frecher kleiner textueller Ohrring, der über einer Zeile baumelt.

Das Ausrufezeichen war schon bei seiner Geburt ein Rebell. Es sollte jedoch ein weiteres halbes Jahrhundert dauern und bedurfte der Fantasie eines weiteren Interpunktionsliebhabers, ehe seine erste visuelle Form aufgezeichnet wurde. Im Jahr 1399 verwandelte der Florentiner Anwalt und Politiker Coluccio Salutati in seinem Werk *De nobilitate legum et medicinae* (*Vom Vorrang der Jurisprudenz oder der Medizin*) Alpoleius' Worte in jenes !, das wir heute kennen. Coluccio legte sich in dieser humoristischen Streitschrift mit den Ärzten an und behauptete, dass die Medizin im Gegensatz zur Jurisprudenz keine Wissenschaft, sondern Spekulation sei. In einer Antwort auf Bernhardinus Florentinus, der zuvor die Medizin gepriesen hatte, entbrannte er in gespielter Leidenschaft: »Ich bitte Sie und andere Doktoren dringend, bitte antworten Sie mir!« Dasselbe Dokument enthält darüber hinaus die ersten Klammern für zusätzliche Informationen innerhalb eines Satzes. Wenngleich der Text von seinem Sekretär geschrieben oder aus dessen Notizen abgeschrieben wurde, zeigt er doch Coluccios eigene handgeschriebene Änderungen, darunter auch Satzzeichen, die er zwischen die engen Wortketten trieb.

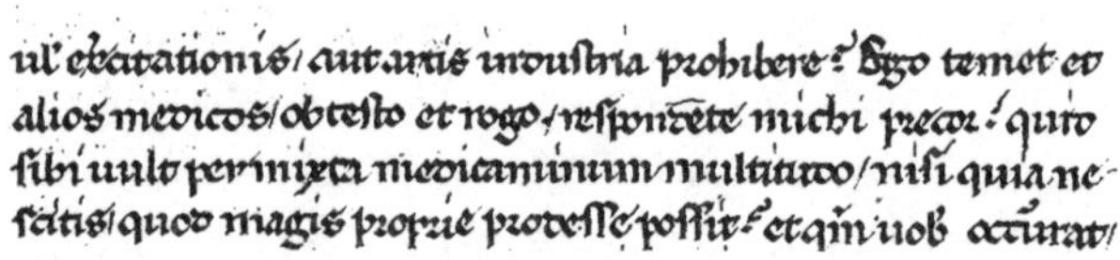

Coluccio Salutati führt in seiner Schrift *De nobilitate legum et medicinae* (1399) das Ausrufezeichen ein. Kurz vor Ende der 2. Zeile.

Diese Aufmerksamkeit für die Details der Sprache kennzeichnete eine neue Liebe zu den Wörtern, zu ihrem Klang, ihrem Stil. Coluccio war Wegbereiter von etwas, das wir heute Humanismus nennen, den Zeitgeist der Renaissance, der die Kultur und die Erzählungen des antiken Griechenlands und Roms verehrte, ihre graziös austarierten Sätze und ihre Bewunderung eines idealen Menschen als glänzenden Redner. Die Schriftsteller der Renaissance imitierten die Alten in allen Bereichen, mit Ausnahme der heidnischen Religion, und bemühten sich insbesondere darum, das oratorische Ideal Athens und Roms in ihre Schriften und Briefe über Diplomatie, Handel und gelehrte Disputationen zu übertragen.

Um zu kontrollieren, wie ihre Leser das Geschriebene verstehen sollten, erfanden und formalisierten Humanisten immer weitere Satzzeichen wie das Semikolon, den Apostroph, die Ellipse (...), verschiedene Formen von Klammern (rund, geschweift und eckig), den Gedankenstrich und die Anführungszeichen. Die heute gebräuchlichen Satzzeichen wurden in knapp zweihundert Jahren, zwischen 1400 und 1600, entwickelt und haben sich seither kaum noch verändert. Sie stemmen als die Arbeitspferde des geschriebenen Worts gewaltige Aufgaben am Text, für die ihnen niemand dankt, die aber auch niemand in Frage stellt – zumindest nicht bis vor Kurzem, als das Internet ihre Fähigkeit, Sätze zu gliedern, an sich riss und Emojis gegen Satzzeichen in den Kampf um die Vermittlung und Erzeugung von Emotionen schickte.

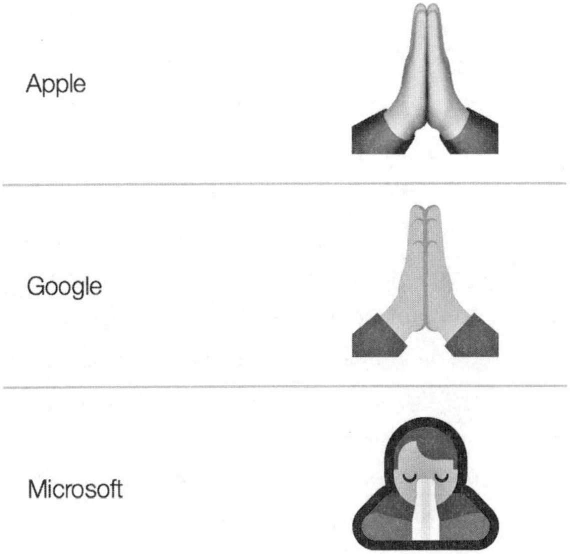

Gebets-Emojis der großen Tech-Konzerne.

Damals gab es noch keine rotwangigen Smileys, Auberginen oder einfältige Affengesichter, um Gefühle in die eigenen Texte zu weben (man kann sich nur schwer vorstellen, dass Luther oder Erasmus betende Hände verschickt hätten). Stattdessen nutzten Autoren Satzzeichen, um Gefühle einzufangen und hervorzurufen. Sie wussten nur zu gut, dass der nackte Inhalt der Worte ohne das Gewand der Gefühle nur schwer auch nur einen einzigen Leser überzeugen würde. So ist es wenig überraschend, dass Alpoleius, Coluccio und andere ein neues affektives Zeichen schufen, das die Stimme und die Gefühle des Sprechers verkörpern sollte, in der Hoffnung, dass es auch beim Leser seine Magie entfalten möge.

Coluccio war ein einflussreicher Schriftsteller und literarischer Mäzen, und seine Ausrufezeichen und Klammern sickerten bald auch in die Texte anderer Autoren. Doch wären sie womöglich in Vergessenheit geraten, hätten sie nicht auch die ersten Drucker übernommen, die im 15. Jahrhundert zunächst in Mainz und Frankfurt, wenig später auch in Basel, Lyon, Venedig und anderen Städten ihre Werkstätten eröffneten. Der technologische Fortschritt im Buchdruck ermöglichte die schnelle Vervielfältigung von Texten, die in alle Winkel des frühneuzeitlichen Europas getragen wurden. Es erschienen erste Standardausgaben von Büchern, von der Bibel bis hin zu Schulbüchern; eines der beliebtesten war Julius Caesars *Der gallische Krieg*. Doch nicht nur die Wörter wurden vereinheitlicht, auch das Aussehen einer Buchseite wurde durch die Arbeit und Experimentierfreude einiger weniger

Druckermeister standardisiert. Satzzeichen bildeten keine Ausnahme, und so fand das mittlerweile aufrechte ! seinen Weg in alle europäischen Sprachen.

Coluccio Salutati – Gelehrter, Humanist, Bibliophiler … und Wegbereiter des Ausrufezeichens.

Aus seiner Präsenz folgte jedoch nicht, dass es universell verwendet wurde oder dass jeder wusste, wie es zu gebrauchen war. Den obszönen Erzählungen des französischen Gelehrten und Schriftstellers Rabelais über Riesen, die Unmengen von Fürzen und Misthaufen produzierten, hätte das eine oder andere ! durchaus nicht geschadet. Als von jener schwangeren Riesin die Rede ist, die sich trotz aller Warnungen, sie könne platzen, eimerweise Kutteln und Wein einverleibte, kommentiert der Erzähler schelmisch: »O schöne fäkalische Materie, die ihr den Leib auftreiben sollt!« Eine solche Blähung hat sich ein verblüfftes ! zweifellos verdient, allerdings bleibt es innerhalb Rabelais' gigantischem Werk die große Ausnahme. Dieses spezielle Ausrufezeichen findet sich in seinem eigenen Exemplar der Ausgabe von 1542, fehlt jedoch in vielen anderen, die davor und später erschienen sind. Das Ausrufezeichen hätte das perfekte Zeichen sein können, um den Exzess aus sich gegenseitig hochschaukelnden Körpern, Essen, Scheiße und Heiterkeit auf den Punkt zu bringen, doch war es noch nicht bekannt genug, um die Leser in ihrem Erleben der Erzählungen zu beeinflussen.

Gewiss wussten Leser, Autoren und Drucker von der Existenz des Ausrufezeichens, doch waren sie sich nicht ganz sicher, wie sie es anwenden sollten, weshalb sich dies von Autor zu Autor (und oft sogar innerhalb einzelner Texte) spürbar unterschied. Die Zunahme und Verwendung von Satzzeichen war wie auch die damalige Entwicklung europäischer Sprachen bestenfalls sprunghaft und schlimmstenfalls wüst.

Deutsche Städte wie Mainz, Frankfurt, Augsburg und Nürnberg waren Vorreiter des Buchdrucks. In den 1440er Jahren hatte Johannes Gutenberg den Buchdruck mit beweglichen Lettern entwickelt, doch es mangelte noch an Ausrufezeichen für mehr als hundert Jahre: Es ist unklar, ob frühe Drucker das ! bereits kannten, jedoch brauchten sie es ohnehin nicht, da die ersten Werke voluminöse und reich illustrierte Bibeldrucke waren, für die das Ausrufezeichen für lange Zeit irrelevant war.

Martin Luthers Bibelübersetzung von dem Hebräischen und Lateinischen ins Deutsche war maßgebend für die Entfaltung und Standardisierung der deutschen Sprache, und so überrascht es nicht, dass das ! viele Generationen an Lesern und Schreibenden braucht, um sich auch im deutschen Sprachraum zu etablieren. Der Germanistik-Professor Hartmut Günter findet das erste Ausrufezeichen erst in der Lutherbibel im Jahr 1797.

Das erste deutsche ! überhaupt erschien jedoch bereits 200 Jahre vorher in dem 1572 gedruckten Pamphlet *Flöh Hatz Weiber Tratz* von Johann Fischart, eine Art Anleitung über Zucht und Ordnung in der Ehe. Genau wie im Englischen brauchte das ! in den deutschen Gefilden noch viele Jahre, um in tägliche Texte Einzug zu halten.

Was Papier- und Drucktechniken sowie das hierfür benötigte Know-how betraf, hinkten die britischen Inseln dem europäischen Kontinent weit hinterher – zudem glaubten sie, dass ihre Muttersprache Englisch (bzw. Schottisch) nicht mit dem Reichtum und den Feinheiten des Lateinischen mithalten konnte. Als Medium der Macht des Hofes, des Kanzleigerichts und der Universitäten erschien sie ihnen ungeeignet. Im 16. und 17. Jahrhundert begannen englische Autoren zu experimentieren und zu forschen. Sie erfanden neue Wörter oder entlehnten sie anderen Sprachen und anglisierten sie mit mehr oder weniger großem Erfolg. Sie führten auch neue Satzzeichen ein, verwarfen sie wieder und drängten auf eine Sprachreform. Einer von ihnen war John Hart, der sich mit uneinheitlichen Schreibweisen befasste, die auf die sehr unterschiedlichen Dialekte des Englischen zwischen Cornwall und Cumbria sowie auf die im Wesentlichen mittelalterliche Rechtschreibung des Englischen zurückzuführen waren, dessen Aussprache sich seither verändert hatte.

Nach Hart, der in den 1550er- und 1560er-Jahren schrieb, führt eine »gemeine« Rechtschreibung »zu Verwirrung und Unsicherheit beim Lesen«, zumal damals in religiöser und politischer Hinsicht bereits genügend Verwirrung und Unsicherheit herrschte. Seine Vorschläge für eine phonetische Rechtschreibreform fanden zwar wenig Anklang, doch enthalten seine Schriften die wohl frühesten Erwähnungen von ! in der englischen Sprache.

In seinem Manuskript von 1551, *The Opening of the Unreasonable Writing of our English Tongue*, bezeichnet Hart das ! als »Staunenden« und behandelt es zusammen mit seinem Bruder ? (»den Fragenden«), da beiden die grammatische Funktion zukommt, einen Satz zu beenden und Anweisungen zum Tonfall zu geben. Er empfiehlt, Fragen und Ausrufe mit jeweils zwei Zeichen zu markieren, da sie »die Stimme darauf einstellen«. Die Vorwegnahme der im Spanischen üblichen Praxis, Frage- und Ausrufesätze mit auf dem Kopf stehenden Satzzeichen zu beginnen, hat sich wie viele andere Vorschläge Harts nicht durchgesetzt, sie beeinflussten jedoch die Art und Weise, wie englische Gelehrte und Pädagogen über die englische Grammatik und Rechtschreibung dachten. Wenn schon Lexikografen nicht so recht wussten, wie sie das Satzzeichen verwenden sollen, wundert es nicht, wenn auch Schriftsteller und Drucker ihre Probleme mit ihm hatten. Erschwerend kam die enge Verwandtschaft von ! und ? im Umfeld rhetorischer Fragen hinzu: Handelt es sich eher um eine Frage oder doch um einen Ausruf? Oder um beides?

Von den Verwirrungen über Tonfall und Stil abgesehen, spielten bei Aussehen und Wirkung des Ausrufezeichens sehr praktische Umstände eine Rolle. Bis zu Beginn der Industriellen Revolution handelte es sich beim Buchdruck um ein langsames und arbeitsintensives Handwerk. Der Text wurde dem Schriftsetzer vorgelesen (oder vom Setzer selbst gelesen), der an einem Tisch mit zwei Kästen saß, die kleine Fächer mit den einzelnen Lettern des Alphabets, Satzzeichen, Leerzeichen und anderes Material enthielt, das die Abstände zwischen den Zeilen und Worten ausglich. Der Setzer balancierte in der einen Hand eine längliche Metallschiene, die er mit der anderen Hand mit den erforderlichen Lettern füllte. Dann fügte er Zeile für Zeile in einem stabilen Holzbrett oder Rahmen zu einer Spalte oder dem vollständigen Satzspiegel einer Seite zusammen. Die Rahmen wurden gespannt, mit Tinte eingefärbt und in der Druckerpresse auf Papierbogen gepresst, die anschließend getrocknet, gefaltet, geschnitten, zusammengenäht und verkauft wurden. Oder sie wurden in feste Umschläge gebunden, bevor sie in die Auslagen der Buchhändler gelangten.

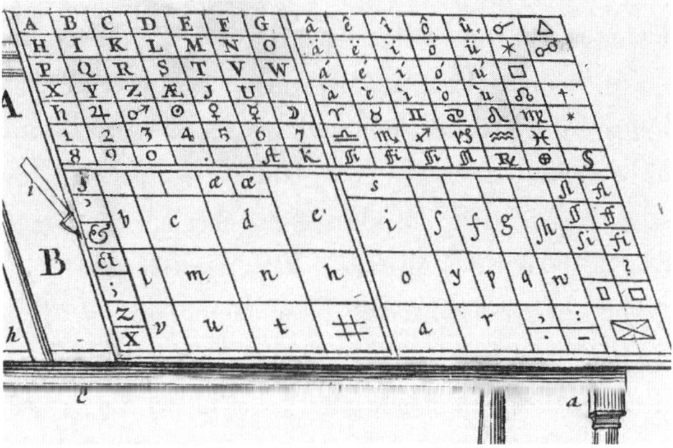

Groß- und Kleinbuchstaben für Drucker – aber kein Ausrufezeichen. Aus Joseph Moxon, *Mechanick exercises, or, The doctrine of handy-works: applied to the art of printing* (London, 1683).

Drucken war im 16. und 17. Jahrhundert eine teure Angelegenheit, da die Anschaffung von Lettern und Papier erhebliche Vorabinvestitionen bei ungewissen Renditen erforderte. Drucker kauften ihre Typensätze bei einer Handvoll Gießereien in ganz Europa. Einige enthielten !, andere nicht, da das Zeichen noch nicht etabliert war. Ob ein Ausrufezeichen verwendet werden konnte (falls es sich überhaupt im Manuskript befand), hing demnach von der Verfügbarkeit der Satztypen ab, wenngleich sich Drucker behelfen konnten (und dies auch taten), indem sie existierende Typen umfunktionierten. Ganz so, wie Alpoleius es vorgeschlagen hatte, bauten sie aus Punkten und Kommata eigene Ausrufetürme. Ob sich im Typensatz eines Druckers ein ! befand, hing auch davon ab, welche Art von Werken dieser normalerweise produzierte: Ein Drucker, der sich auf Theologie oder Naturwissenschaften spezialisiert hatte, benötigte in der Regel keine Typensätze, die Gefühlsmarker wie ! enthielten. Ein gedrucktes Theaterstück oder ein Gedichtband wiederum war eine ganz andere Textkreatur, die eine gefühlsbetontere Zeichensetzung erforderte.

Im späten 17. Jahrhundert veröffentlichte der Drucker Joseph Moxon das erste englischsprachige Handbuch für Drucker, das Informationen zum Handwerk, darunter auch Holzschnitte von Setzkästen, enthielt. Moxon war ein gebildeter Handwerker, der mit dem Drucken von Landkarten und mathematischen Aufsätzen zum Fortschritt der Wissenschaften beitrug und auch Globen und Messinstrumente herstellte. Als Mitglied der Royal Society und Hydrograf des Königs war er für die Vermessung der britischen Flüsse und Seen verantwortlich und somit nicht damit beschäftigt, emotive Texte herzustellen. Wie zu erwarten, haben die Setzkästen im Bild seines Handbuchs keine Kästen für ! (anders als eigens für Sternzeichen geschnittene Typen, die in der Renaissance noch zum wesentlichen Bestand der Wissenschaften gehörten).

Doch bis Mitte des 18. Jahrhunderts war das ! zu einem akzeptierten Mitglied der Satzzeichenfamilie aufgestiegen und wurde etwa in John Smiths *The Printer's Grammar* erwähnt.

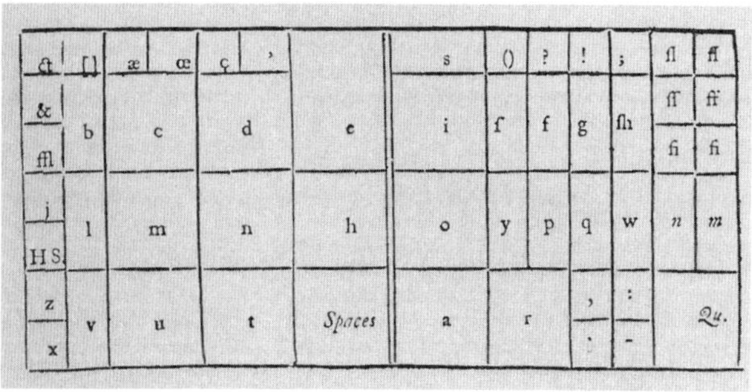

Hier ist es!
Setzkasten mit einem für Ausrufezeichen bestimmten Fach.
! erscheint innerhalb der Kleinbuchstaben (obere Reihe)
in John Smiths *The Printer's Grammar* (London, 1755).

Wenn wir also Bücher aus der Renaissance betrachten, müssen wir die Umstände berücksichtigen, unter denen ein Text von den ursprünglich handgeschriebenen Seiten des Autors auf den Stapel der ordentlichen und gehorsamen Drucke gewandert ist. Wir müssen uns an alle Produktionsschritte erinnern, die eine ganze Reihe von Entscheidungen erforderten: Ist dies ein a, c oder r? Sollen wir ein paar Gedankenstriche einfügen, um die Zeile zu füllen? Liegen noch ausreichend viele !!! im Setzkasten, um den Protagonisten an einer bestimmten Stelle ausrufen zu lassen? Die letzten Entscheidungen wurden in der Druckerei getroffen und richteten sich nach Zweckmäßigkeit und gelehrigen Vermutungen. Nur wenige Autoren waren genügend in die Produktion ihrer Texte eingebunden, um auf eine bestimmte Zeichensetzung zu bestehen. Tatsächlich gab es nur wenige, die in ihren Manuskripten über ein Minimum hinaus Satzzeichen setzten: Bis ins 19. Jahrhundert war die Zeichensetzung eine Frage des Geschmacks, was bis zu einem gewissen Grad auch heute noch gilt. Ein adliger Edelmann konnte mit wenigen Zeichen auskommen, während ein armer Gelehrter, je nach individueller Neigung, womöglich sehr viele benutzte. Einige Schriftsteller und Drucker zeigten sich engagiert, andere weniger. Moxon selbst beschwerte sich über die »Sorglosigkeit einiger guter Autoren und die Ignoranz anderer«, was Drucker zwang, »eine Aufgabe und Pflicht einzuführen, die dem Schriftsetzer oblag, nämlich die schlechte

Rechtschreibung und Zeichensetzung seiner Vorlage zu erkennen und zu berichtigen«. Er schloss: »Es ist notwendig, dass ein Schriftsetzer zum Mindesten ein guter Kenner der englischen Sprache sei.«

Setzer und Drucker waren, zumindest auf dem Gebiet der Sprache, überdurchschnittlich gebildet, was sie jedoch nicht vor der Geringschätzung eines gewissen Autors schützte, dem noch die kleinsten Details wichtig waren – und zwar sehr wichtig. Ben Jonson, ein Freund Shakespeares, ebenfalls Bühnenautor und Dichter, beklagte sich über John Beale, den Drucker seiner 1631 erschienenen gesammelten Werke. Er nannte ihn liederlich, weil er »[seine] Punkte verlor«, und damit auch seinen »Verstand«. Eine beachtliche Menge der Manuskripte Jonsons sind erhalten geblieben. Sie bestätigen ihn als gewissenhaften Zeichensetzer, der versuchte, die Bedeutung und den Rhythmus seiner Texte zu kontrollieren – im Gegensatz zu Shakespeare, soweit wir dies aus seinen wenigen Aufzeichnungen schließen können. Denn abgesehen von einer Handvoll Unterschriften haben wir an substanziellen Urschriften Shakespeares lediglich drei verschmierte Seiten eines Theaterstücks, das er gemeinsam mit fünf weiteren Bühnenautoren verfasst hat.

Das Schauspiel zeichnet das Leben des Sir Thomas Morus nach, des allseits beliebten Kanzlers König Heinrichs VIII., der ihn schließlich hinrichten ließ. Es wurde mehrere Male überarbeitet, weil man es aufgrund seiner

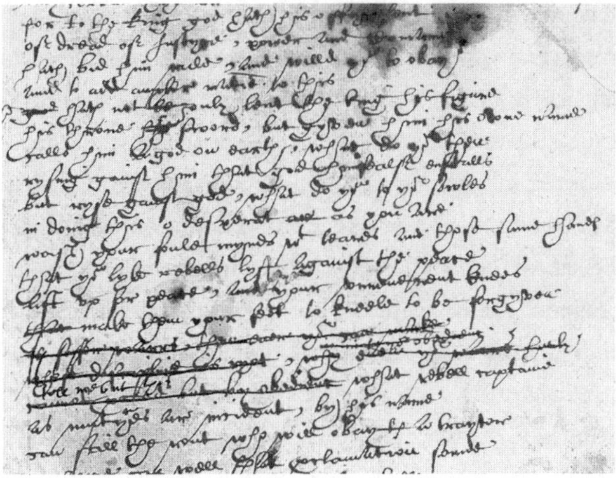

Shakespeares verschmiertes Manuskript des von ihm mitverfassten Stücks *Sir Thomas More*, ca. 1601–1604.

Schilderung der historischen Aufstände von 1517 für potenziell aufrührerisch hielt. Shakespeares Manuskript enthält eine emotionale Rede von Morus, in der dieser die gewaltsamen Proteste gegen in London lebende Ausländer einzudämmen versuchte. Er bat darin um Mitleid mit denen, die ihre Heimat verlassen mussten, um ein Leben in einem unbekannten Land zu führen. Doch selbst dies war zu viel für die Zensurbehörde, das Stück wurde bis in die neuere Zeit nie aufgeführt oder gedruckt.

Die Rede des Thomas Morus ist so elegant und ergreifend, wie man es von Shakespeare erwartet. Was jedoch überrascht, ist, dass der Barde viele seiner Wörter wieder streicht und eine sehr sparsame Zeichensetzung wählt:

Es gibt einige wenige Kommas und ein paar Punkte, aber keine Frage- und Ausrufezeichen, auch nicht an Stellen, an denen wir sie ohne jeden Skrupel einsetzen würden. Eine Erklärung könnte sein, dass Shakespeare sehr schnell arbeiten musste, um seine Seiten zügig an den nächsten Mitautor weitergeben und zum nächsten Projekt übergehen zu können. Er schrieb für einen Markt, der sich rapide veränderte. Eine weitere Erklärung ist, dass er seinen Text für ein Stück verfasst hatte, das nie auf Papier gebannt werden sollte: Während der Proben würden die Schauspieler selbst entscheiden, wo sie Pausen einlegten und wie sie die Worte betonten. Deshalb gab es keine Notwendigkeit, dem stummen, aus den Wörtern des Stücks bestehenden Skelett einen Rhythmus oder eine bestimmte Tonlage einzuschreiben.

Es ist viel Tinte darüber vergossen worden, ob Shakespeare am Druck seiner Werke beteiligt war und, falls ja, in welchem Ausmaß. Am wahrscheinlichsten ist, dass er seine Interessen sowohl bei Drucksachen als auch bei Theateraufführungen geschickt durchzusetzen vermochte und genau wusste, was nötig war, um den finanziellen Gewinn und seinen Ruf zu maximieren. Zu Shakespeares Lebzeiten wurden einige seiner Werke einzeln veröffentlicht, andere mehrmals und in unterschiedlichen Versionen. Im Jahr 1623, sieben Jahre nach seinem Tod, ließ eine Verlegergruppe eine Sammeledition drucken, *Mr. William Shakespeares Comedies, Histories & Tragedies*. Die heute als *First*

Folio bekannte Ausgabe war ein teures und komplexes Unterfangen. 1000 Exemplare eines 900-Seiten-Buchs mit 36 Theaterstücken wurden auf großformatiges Papier gedruckt. 18 der Dramen waren nie zuvor veröffentlicht worden und wären heute womöglich verschollen, hätte man sie nicht in die *Folio*-Ausgabe aufgenommen. Die Texte, auf denen die Sammlung basierte, waren wohl ein Mix aus bereits gedruckten Stücken sowie Soufflierbüchern, Arbeitsentwürfen und Autorenmanuskripten, die heute alle verloren sind. Die Zeichensetzung könnte demnach eine Mischung sein, die von Shakespeare, den Kopisten und Schriftsetzern geschaffen wurde. Im Jahr 1975 spottete der Theaterregisseur Peter Hall über Kommata und ihresgleichen im *Folio*. Er bezeichnete die Ausgabe als »absurd überpunktiert« und nahm an, dass »die ersten Drucker einige zusätzliche Satzzeichen hineingeschmuggelt« hätten – was sie wahrscheinlich wirklich getan haben, da Shakespeare so wenig anbot.

Wissenschaftler wie Charlton Hinman und Peter Blayney konnten rekonstruieren, dass fünf oder sechs Schriftsetzer für das Setzen des Buches verantwortlich waren, von denen einer als der Lehrling Ralph Crane identifiziert wurde. Jeder Setzer hatte unterschiedliche Rechtschreib- und Interpunktionskenntnisse und -gewohnheiten. Crane etwa hatte eine Schwäche für Klammern. Und es scheint, als hätte sich keiner von ihnen für Ausrufezeichen begeistert, womöglich, weil das Verständnis für ihre Verwendung noch so gering war. Der Linguist David Crystal hat gerade einmal 350 Ausrufezeichen im *Folio* ausgemacht, eine sehr niedrige Zahl für ein Buch dieser Länge, noch dazu ein Theaterbuch voller deklamatorischer Reden und emotionaler Ausbrüche. Von den 350 !, die Crystal gezählt hat, stehen vor 265 »Oh« oder »O«, womit manchmal ein verzweifeltes Aufseufzen oder ein wütendes Knurren angedeutet werden sollte, manchmal eine Ansprache an eine abwesende oder anwesende Person oder Sache (man denke an Julias »O, Romeo« oder »O, Mond«). Doch kaum ein »O« oder »Oh« erhielt ein eigenes !, genauso wenig wie die anderen leidenschaftlichen Sätze, denen wir heute Ausrufezeichen zugestehen: Hamlet schwört nüchtern »beim Himmel«, eifert jedoch gegen seinen Onkel »O Schurke, Schurke, lächelnder verdammter Schurke!«).

Macht eine veränderte Zeichensetzung einen Unterschied? Einen großen sogar. Man betrachte Hamlet im *Folio*, der über seine Trennung zur Welt sinniert, über allem Schmerz und Glück in ihr.

O Gott, O Gott!
Wie ekel, schal und flach und unersprießlich
Scheint mir das ganze Treiben dieser Welt?
Pfui, pfui darüber [...]
Dazu mußt es kommen:
(Akt I, Szene II)

Within the Booke and Volume of my Braine,
Vnmixt with baſer matter; yes, yes, by Heauen:
Oh moſt pernicious woman!
Oh Villaine, Villaine, ſmiling damned Villaine!
My Tables, my Tables; meet it is I ſet it downe,
That one may ſmile, and ſmile and be a Villaine;
At leaſt I'm ſure it may be ſo in Denmarke;
So Vnckle there you are: now to my word;

Hamlets erster Monolog im ersten Folio von 1623 –
mit einer der seltenen Häufungen von Ausrufezeichen.

Obige Übersetzung ist von Friedrich Schlegel, folgt jedoch der *Folio*-Zeichensetzung. Der Schriftsetzer hatte sicherlich !-Lettern zur Verfügung, er benutzte sie beispielsweise für Hamlets verzweifelten Anruf an Gott, doch entschied er sich, die folgenden Zeilen mit ? abzuschließen, womöglich aufgrund des fragenden »Wie«, weil er den zweifelnden Ton des Prinzen von Dänemark spürte, oder er hielt sich tatsächlich an Shakespeares Manuskriptvorgabe (wobei dies eher unwahrscheinlich ist). Heute ersetzen Herausgeber ? durch ! und präsentieren ihren Lesern so einen viel entschiedeneren Hamlet. Man vergleiche Schlegels Übersetzung von 1798 mit jener von Manfred Pfister aus dem Jahr 2008:

Wie öde, schal, flach, fad und überflüssig
Scheint mir all das Getu in dieser Welt!
Pfui drauf, ah pfui [...]
Dass das so kommen konnt!

Shakespeares *Folio* zeigt beispielhaft die Probleme auf, mit denen wir es zu tun haben, wenn wir die Entwicklung der Interpunktion und insbesondere des Ausrufezeichens nachzeichnen.

Hat sich der Setzer an die Zeichensetzung im Manuskript gehalten? Falls ja, um wessen Manuskript handelt es sich? Stammt es von Shakespeare selbst oder von einem der Kopisten? Oder musste der Setzer die Satzzeichen selbst einfügen? Verstand er die genaue Funktion aller Zeichen, oder war er sich unsicher und hoffte bei jeder seiner Entscheidungen auf das Beste? Welche Typen standen ihm zur Verfügung, und hat die Verfügbarkeit oder die Knappheit von Lettern seine Wahl beeinflusst?

Während die Mehrheit der Menschen, darunter auch Ralph Crane und seine Kollegen, mit dem Unterschied zwischen Ausruf und Frage zu kämpfen hatten und auf Nummer sicher gingen, indem sie sich darauf konzentrierten, »O«-Ausrufe mit ! enden zu lassen, bestanden andere Autoren auf einem erweiterten Spielfeld für enthusiastisches Geschrei. Zu den einleitenden Texten des *Folio* gehörten Gedichte von Shakespeares Zeitgenossen, in denen der »süße Schwan von Avon!«, die »Seele des Zeitalters!«, der »Applaus!«, die »Freude!«, das »Wunder unserer Bühne!« gefeiert wurden. Diese Ausrufe verkörpern Alpoleius' ursprüngliche Absicht für das Ausrufezeichen: eine nicht zu unterdrückende Deklaration des Staunens. Und sie stammen natürlich aus der Feder des Dichters Ben

Jonson. Und weil Jonson Jonson ist, können wir aufgrund seines gereizten Überengagements darauf vertrauen, dass seine poetischen Beiträge zum *Folio* von der Rechtschreibung bis zur Zeichensetzung korrekt wiedergegeben wurden.

Im Laufe des 17. Jahrhunderts bildete sich die Zeichensetzung als Ganzes zu dem System heraus, das wir heute kennen, und die Verwendung von Frage- und Ausrufezeichen entwickelte sich in allen europäischen Sprachen auseinander. Nina Groß war dem historischen Ausrufezeichen auf der Spur und hat seine ersten Schritte rekonstruiert. Die erste Überlieferung des Konzeptes des ! gab es doch schon gute 40 Jahre vor Flöh Hatz: in der 1535 erschienen Auflage des Grammatikregelwerks und Bestsellers *Spiegel der wahren Rhetorik*. Der dato bereits verstorbene Friedrich Riederer präsentierte ein Proto-Ausrufezeichen, das er »exclamativus oder admirativus« nennt, das gebraucht wird, wenn »einer seiner red verwundrende ein scharpffen außdruck thut«. Es scheint, Riedel hat Alpoleio gelesen und die lateinischen Namen einfach eingedeutscht.

Weitere hundert Jahre später veröffentlichte der Gelehrte und Sprachreformer Wolfgang Ratke seine *SchreibungsLehr* (1629) und nennt das ! zum ersten Mal bei dem Namen, unter dem wir es kennen: das »außrufungszeichen«. Es wird in »außrufenden un wünschden oder verwunderungssprüchen gebraucht«.

Gleichzeitig kursierte aber bis zum Anfang des achtzehnten Jahrhunderts der Begriff »Verwunderungszeichen« für das ! in den deutschen Grammatiken wie Justus Georg Schottels *Teutsche Sprachkunst* von 1641. Zum letzten Mal zierte der ursprüngliche Name Johann Leonhard Frischs deutsches Lexikon im Jahr 1723. Fortan würde es nur noch das Ausrufezeichen sein.

Die erste englische Beschreibung des ! als »Zeichen des Ausrufs« stammt aus einem rhetorischen Leitfaden des Jahres 1656, und tatsächlich vergrößerte sich der Einflussbereich des !: Es begleitete fortan jeglichen Ausbruch von Leidenschaft oder, wie Samuel Johnson in seinem Wörterbuch von 1765 schreibt, alle »pathetischen Sätze«. Das ! hatte endlich ein Zeichen gesetzt.

Für das Zeitalter der Empfindsamkeit, in der die überschwänglichen Gefühle von Männern und Frauen aufgewertet und kultiviert wurden, war das Ausrufezeichen die perfekte Besetzung. Womöglich als Reaktion auf die als kühl empfundene Rationalität der Aufklärung zu Beginn des 18. Jahrhunderts, besang diese Epoche die Gefühle und zeigte sich für ein gelegentliches ! offener als je zuvor. Eine übersteigerte Empfindsamkeit konnte sich jedoch auch in eine allzu manierierte Kultur heikler Affektiertheit verwandeln und beförderte so eine engstirnige Tendenz, echte, spontane Gefühlsregungen zu verherrlichen, die als natürlich und damit als heilig galten – hierfür bot das Ausrufezeichen das perfekte Werkzeug.

Dr. Johnson bestimmt in seinem Wörterbuch von 1765 die Regeln.

In seinem *Essay on Punctuation* von 1785 nennt Joseph Robertson das Ausrufezeichen »die Stimme der Natur, wenn sie sich aufgewühlt, erstaunt und bewegt zeigt«. Es ist vor allem für die Lyrik wie geschaffen, zu der es »jede

Art von Gefühl« beisteuert oder in der es sogar einfach nur eine laute Stimme nachahmt (Robertson nennt als Beispiel den Ruf von Shakespeares König Richard III. »Ein Pferd! ein Pferd! mein Königreich für'n Pferd!«).

Ist das ! für die Lyrik mehr als geeignet, so gilt dies umso weniger für die Prosa: Robertson warnt die »jungen und unerfahrenen Schriftsteller vor einem unmäßigen Gebrauch« des Ausrufezeichens, das, wenn es die Seiten zu sehr bevölkere, auf einen Text »voller unnatürlicher Träumereien, Tiraden und Schwulst« hinweise. Schockiert bemerkt Robertson, dass es sogar einige »Fanatiker« gebe, die ! in die Bibel einschmuggeln und damit ihre »nüchterne Würde« in ein unwürdiges Gekreische verkehren würden. Eine Lawine aus !!! als Zeichen eines verwirrten Geistes? Dieses Stigma sollte haften bleiben. Noch heute argwöhnen wir (sicher völlig zu Unrecht), dass sich jemand, der ein ! zu viel verwendet, an den äußeren Grenzen der Vernunft bewegt. Dass solche Vorwürfe überhaupt erhoben wurden, war allerdings der Beweis, dass die Funktionsweisen von ! nach einem Jahrhundert der Verwirrung endlich verstanden wurden. Sie zeugen auch davon, dass die Zeichensetzung inzwischen zu einem vollwertigen Mitglied im Kanon des Schreibens aufgestiegen und womöglich tatsächlich ein wenig über das Ziel hinausgeschossen war.

– !!! –

Im 18. Jahrhundert kam es zu einem regelrechten Boom an Veröffentlichungen über einheitliche Rechtschreibung, Grammatik und Stil, was auch die Interpunktion mit einschloss: Ein Buch nach dem anderen führte unzählige Regeln und Beispiele vor – nur damit Schriftsteller am Ende doch in ihr bewährtes Motto flüchteten: »Erlaubt ist, was gefällt.« Nach einem umfassenden Überblick über die zeitgenössischen Gewohnheiten der Zeichensetzung schloss David Steele in seinen *Elements of Punctuation* (1786), Satzzeichen »werden von verschiedenen Menschen womöglich so unterschiedlich aufgefasst, dass zwei nur selten übereinstimmen«. Wenn Zweifel aufkommen, solle man einfach ein Zeichen einfügen.

Im Verlauf des 19. Jahrhunderts wurde das Ausrufezeichen immer seltener verwendet. Oder sollte man vom Ausrufepunkt sprechen? Eine oder zwei Generationen, nachdem Amerika sich vom Britischen Empire losgesagt hatte, erfuhr auch das Satzzeichen eine Bezeichnungsänderung: Während in den Vereinigten Staaten und in Großbritannien ursprünglich vom *exclamation point* (Ausrufepunkt) die Rede war, setzte sich im Vereinigten Königreich und in den meisten seiner ehemaligen Kolonien während des Viktorianischen Zeitalters die Bezeichnung *exclamation mark* (Ausrufezeichen) auf allen Ebenen durch.

Es ist schwer zu sagen, wann und warum genau dieser Wandel vom »Punkt« zum »Zeichen« stattfand: Möglicherweise kam es in den 1860er-Jahren zum Bruch, da in

Großbritannien eine extrem antiamerikanische Stimmung herrschte, die ihre Ursachen in den wirtschaftlichen und politischen Auseinandersetzungen der beiden Länder hatte und durch den Amerikanischen Bürgerkrieg noch verschärft wurde. Alternativ (oder darüber hinaus) könnte die Veränderung von den Schulen ausgegangen sein: Damals waren Hunderte von Schulgrammatiken im Umlauf, und daraus könnte sich ein Konsens für *mark* entwickelt haben. Genauso wahrscheinlich ist es, dass in den Jahrzehnten Anfang bis Mitte des 19. Jahrhunderts (aus dem einen oder anderen Grund) aus dem *interrogation point* ein *question mark* wurde und der *exclamation point* seinem Beispiel folgte.

Auch im Deutschen trug das ! verschiedene Begriffmäntel: vom Lateinischen exclamativus und admirativus deutschte es sich ein zum historisch-korrekten Verwunderungszeichen bis hin zur Nuance des Ausrufungszeichens, das seit den 1960er-Jahren für das Ausrufezeichen Platz macht. Ob Zeichen oder Punkt, zu Beginn des 20. Jahrhunderts wirkten viktorianische Kommata, Punkte und Semikolons wie das übertriebene Dekor einer vergangenen Zeit: Mit der Moderne entstand eine neue Form des Minimalismus. Während sowohl im Deutschen wie im Englischen die Rhetorik und somit die Wirksamkeit der Sprache bis ans Ende des neunzehnten Jahrhunderts im Vordergrund stand, machte sich nun bald ein Misstrauen gegen Eloquenz und persönlichen Geschmack breit. Die

Einigung der Rechtschreibung und Standardisierung der Interpunktion ging in Deutschland mit der politischen Einigung einher. Der 1880 erstmals veröffentlichte Duden wurde innerhalb knapp eines Jahrzehntes zum weitverbreiteten Gebrauchswörterbuch, das sowohl Orthographie als auch Zeichensetzung an strenge Einheitsregeln heftete.

Grammatiker und Stilisten in Großbritannien veröffentlichten zur gleichen Zeit Warnungen gegen den Gebrauch von zu vielen Zeichen und einen übermäßig exklamatorischen Ton. Eines der einflussreichsten Handbücher zu Grammatik und Stil der englischen Sprache der letzten hundert Jahre, *The King's English* (1906) von Henry und Francis Fowler, nahm in dieser Hinsicht kein Blatt vor den Mund: »Was sich falsch liest, sobald die Satzzeichen entfernt werden, ist von vornherein schlecht; Satzzeichen sollen die Bedeutung nicht verändern, sondern nur unterstreichen.« Wer Satzzeichen als Krücke benötige, solle lieber gar nicht schreiben. Die Fowlers warben für einfache Strukturen und ein schlichtes Erscheinungsbild. In dem geistreichen und launischen Ratgeber finden sich die Persönlichkeiten seiner Autoren auf jeder Seite wieder. So ist »eine gewisse Ansammlung von Kommata [...] ein verdächtiger Umstand«, und »wer mehrere Kommata in unmittelbarer Nähe setzt, sollte bedenken, dass er sich damit unliebsam macht«.

Die Einstellung der Fowlers zur Sprache, insbesondere ihr Misstrauen gegenüber Ausrufezeichen, hat bis heute großen Einfluss auf das Schreiben. Ihre Regeln zu Ausrufen unterscheiden sich nicht allzu sehr von den hundert Jahre später beschlossenen Regeln des britischen Bildungsministeriums aus dem Jahr 2016. Demnach ist das Ausrufezeichen akzeptabel in Sätzen, die zum Beispiel mit einem »wie« oder »was« beginnen (wie in »Was macht das für einen Unterschied!«) und nach Ausrufen wie »Zum Teufel!« oder »Oh!«. Doch im Gegensatz zu den Stilisten des 18. Jahrhunderts hielten die Fowlers einige Ausrufe für exklamatorischer als andere: »›Du überraschst mich‹, ›Wie kannst du es wagen?‹, ›Erzähl nicht solche Lügen‹ sind nichts anderes als Aussage, Frage und Befehl. Sie gelten nicht als Ausrufe, nur weil diejenigen, die sie aussprechen, aufgeregt sind. Man sollte sie nicht mit ›Du überraschst mich!‹, ›Wie kannst du es wagen!‹, ›Erzähl nicht solche Lügen!‹ schmücken.« Mit anderen Worten: Das ! ist reine Dekoration. Es kann Sätze aufhübschen, doch es ist nicht notwendig. Es hat kein Gewicht.

Wie alle Grammatiker vor ihnen akzeptierten letztendlich auch die Fowlers stillschweigend ihre Niederlage, indem sie verwirrende, widersprüchliche und eigenwillige Beispiele lieferten: »Er erfuhr schließlich, wer der Feind war – er selbst!« ist in ihren Augen richtig; »Das ist eine Lüge!« nicht. Und dennoch hinterließen sie uns die strikte Mahnung, dass der »übermäßige Gebrauch von Ausrufezeichen [...] eines der Zeichen ist, die den Ungebildeten verraten«.

– !!! –

Während die Fowlers versuchten, die (in ihren Augen) ausufernde Zeichensetzung zu beschneiden, begannen andere Sprachen damit, ebenjene Satzzeichen zu importieren, von denen die englischen Linguisten hofften, sie loswerden zu können. In den 1890er- und frühen 1900er-Jahren befürchteten arabische Intellektuelle, dass die anhaltende Invasion des Englischen und Französischen in Ägypten, Marokko und anderen kulturell wie politisch kolonisierten Ländern zu einer Erosion des Arabischen als lebensfähiger Schriftsprache führen würde. Bis zu diesem Zeitpunkt erforderte das Lesen und Schreiben arabischer Texte ein langjähriges Studium, zumal nur wenige Symbole wie etwa stilisierte Blumenmuster benutzt wurden, um Sätze voneinander zu trennen und ihre Bedeutung herauszuarbeiten. Wer kein Theologe war oder anderweitig akademisch arbeitete, schrieb auf Französisch oder Englisch, was die Relevanz des Arabischen schmälerte. Die libanesische Schriftstellerin Zaynab Fawwaz machte sich 1893 als Erste für den Import der europäischen Satzzeichen ins Arabische stark. Nach anfänglichen Versuchen, eigene Zeichen für das Arabische zu finden, einigte sich die literarische Elite der Zeit schließlich darauf, die westlichen Interpunktionszeichen mitsamt ihren Funktionen und Formen zu übernehmen und lediglich von links nach rechts zu spiegeln. Da das ! jedoch eine symmetrische Form besitzt, sieht es im Arabischen genauso aus wie im Schwedischen.

Zaynab Fawwaz führte die Interpunktion im Arabischen ein.

Neben politischen Entscheidungen führte auch der technische Fortschritt in der Produktion und Verbreitung von Texten zu einem Wandel. Als 1867 in den USA die erste tragbare Schreibmaschine auf den Markt kam, war dies ein revolutionäres Ereignis.

Von Christopher Latham Sholes erfunden und an die heute berühmte Remington Arms Company verkauft, war sie in erster Linie für kommerzielle Zwecke bestimmt. Sie enthielt das Alphabet, die Zahlen, (natürlich) ein Dollarzeichen, einen Punkt und einen Gedankenstrich – aber kein !. Bedenkt man das ursprünglich kommerzielle Umfeld, in dem es nur geringen Bedarf an Ausrufen gab, erscheint diese Auslassung verständlich. Und falls doch einmal ein ! nötig war, tippten Schreibkräfte einen Punkt, betätigten die Rücktaste und setzten einen Apostroph über den Punkt – genauso, wie es der Erfinder des Zeichens und Shakespeares Druckermeister getan hatten. Tatsächlich blieb eine eigene !-Taste weiterhin so selten, dass noch das *Secretary's Manual* von 1973 beschrieb, wie man mit dem Punkt-Apostroph-Manöver ein Ausrufezeichen erzeugt.

Wenn es so mühsam ist, ein Ausrufezeichen zu produzieren, werden es sich Anwender zweimal überlegen, ob sie wirklich ihren Workflow unterbrechen wollen, um mit mechanischem Schlitten, Hebel und Tasten der Schreibmaschine vor- und zurückzuturnen. Möglicherweise beeinflusste das Fehlen des Ausrufezeichens auf der Tastatur der Remington allgemeine Einstellungen zur Sprache, sodass ihr funktionaler Zweck Grammatikregeln wie die der Fowler-Brüder unterstützte.

Die Schreibmaschine veränderte die Arbeitswelt und machte die Geschäftskommunikation verlässlicher und schneller. Die Telegrafie, die nur eine Generation davor entwickelt worden war, stellte die Kommunikation auf den Kopf. Sie erhöhte sowohl die Geschwindigkeit als auch die geografische Reichweite des Informationsaustauschs. Sobald die Nachrichten sich schneller verbreiteten, mussten sie zu einer Kernbotschaft kondensiert oder, wie man heute sagt, mundgerecht serviert werden. Für lästige Gefühle und noch lästigere Zeichensetzung blieb da kein Platz, die Sprache wurde vereinfacht, um eine Geschichte verständlich zu halten.

Zwei Schriftsteller, die auch journalistisch tätig waren und deren vermeintlich neutraler Stil die Apotheose einer auf das Wesentliche reduzierten Ausdrucksweise darstellte, beeinflussten maßgeblich die reservierte Haltung gegenüber einer empathischen Zeichensetzung. Es dürfte schwierig sein, in den Werken Ernest Hemingways und Albert Camus' allzu viele ! zu entdecken. Beiden war jegliche Form offener Gefühlsäußerung ein Gräuel. Vom Tod einer Mutter oder von den Schrecken des Krieges erzählten sie in kurzen Sätzen und in einem nüchternen Ton, der angeblich von Objektivität zeugte – vielleicht, um ihre Leser umso mehr in eine Emotionalität zu treiben, vielleicht aber auch, um sie vor der Wucht zu schützen, die von einem Ausrufezeichen ausgehen kann. Vielleicht trifft auch beides zu.

Und dennoch war es gerade seine Durchschlagskraft, die das Ausrufezeichen in den Jahrzehnten nach den freizügigen und verführerischen 1920er-Jahren zu einem mächtigen Werkzeug nicht etwa der gottlosen Kunst, sondern von Propaganda und Werbung machte. Auch nach Kriegsbeginn verlieh ein gut platziertes ! den Propagandaplakaten aller Kriegsparteien eine besondere Dringlichkeit. Es sicherte in weiten Teilen der Bevölkerung die geforderte Begeisterung und den Durchhaltewillen, insbesondere bei denjenigen, die ungewohnte Arbeiten außer Haus übernehmen mussten. Das Ausrufezeichen erwies sich auch nach dem Krieg als nützliches Manipulationsmittel: Um Kunden freundlich und zuvorkommend anzusprechen, genügte vor allem in direkter Rede ein Ausrufezeichen am Ende einer Zeile. Das Ausrufezeichen wurde zu einem Instrument, das sich Werbetexter nicht entgehen ließen.

Doch seinen wahren Platz in der Moderne sollte das Ausrufezeichen erst noch finden: Die Leichtigkeit, mit der unsere Smartphone-Tastaturen mit nur einem Klick ein ! produzieren, aber auch die spontane Ungezwungenheit und Imitation echter Gespräche auf Social-Media-Plattformen wie Facebook, X (vormals Twitter) oder WhatsApp haben dem inflationären Gebrauch von Ausrufezeichen bei allen möglichen Gelegenheiten Tür und Tor geöffnet. !, !!, !!!, !!!!!!!!!!!!!!!!!!!!!!!! – nur wann genau ist es das eine ! zu viel?

Vom mittelalterlichen Pergament bis zum modernen Hypertext, vom unterpunkteten Apostroph bis zum nur

Diese Werbung für Colgate-Zahnpasta von 1952 mit suggestivem Text für junge Frauen und Mütter wimmelt vor Ausrufezeichen.

einen Klick entfernten Wunder – die Erfindung, das Überleben und der jüngste Aufschwung des Ausrufezeichens zeugen von der entscheidenden Aufgabe, die ihm in der schriftlichen Kommunikation zukommt: die Spontanität eines plötzlichen Ausbruchs der Stimme einzufangen. Wenn man bedenkt, wie eng das Ausrufezeichen mit Leidenschaften und Gefühlen verknüpft ist, mag man es durchaus als »pathetisch« bezeichnen. Aber sicher nicht als pathologisch.

ZWEITES KAPITEL

Der Punkt, der in die Luft ging

Denken und fühlen mit !

Doppelpunkte und Semikolons sind blau; Kommata und Anführungszeichen grün; Punkte, Fragezeichen und Ausrufezeichen rot. So hat es zumindest Adam Calhoun in seinen Entwürfen aus dem Jahr 2016 vorgeschlagen. Der Experte für Datenvisualisierung präsentierte darin die Interpunktionsmuster literarischer Meisterwerke von Charles Dickens, James Joyce und Cormac McCarthy.

Dickens zog lange, gleichförmige Sätze vor, die alle in kühlem Blau präsentiert wurden. Joyce' *Ulysses* ist eine Mischung aus Farben, ganz wie man es von einem Buch erwarten würde, das mit Genres, Stilen und Perspektiven experimentiert. McCarthys *Blood Meridian* (dt. *Die Abendröte im Westen*) feuert tiefrot, was durchaus Sinn ergibt, wenn man seine Abneigung gegen Interpunktion mitbedenkt: »Ich glaube an Punkte, an Großbuchstaben, an gelegentliche Kommata, aber das war es auch«, sagte er Oprah Winfrey in einem seltenen Interview aus dem Jahr 2008, in dem er auch behauptete, alle anderen »seltsamen kleinen Zeichen stellen nur die Seite zu«. McCarthy vertrat die Ansicht, »wenn man ordentlich schreibt, sollte man auf Satzzeichen verzichten können«. Eindeutig ein Schüler der Sprachschule nach den Gebrüdern Fowler. »Sie haben sich ja nicht gerade mit Kommata vollgestopft!«, kommentierte Oprah lachend und deutete damit an, Kommata verstopften die Seiten eines Buches in einer Art verbalem Darmverschluss.

Will man die Unterschiede in der Zeichensetzung zwischen diesen drei Autoren untersuchen, muss man einiges berücksichtigen: die Überreglementierung der Interpunktion über einen Zeitraum von jeweils 60 Jahren; den Einfluss der Lektoren; die unterschiedlichen Erzählstimmen; die Motive und Themen; die Länge der Sätze; und natürlich den individuellen Geschmack der Autoren. Dickens' lange Sätze – darunter etwa seitenlange Beschreibungen des Londoner Nebels – benötigen mehr Interpunktionszeichen als McCarthys filmische Schnappschüsse des amerikanischen Westens. Dessen bullige Sätze verlangen weniger Orchestrierung als etwa die Monstersätze eines William Faulkner, die sich über Hunderte von Wörtern ausbreiten (sein längster Satz liegt bei 1600 Wörtern).

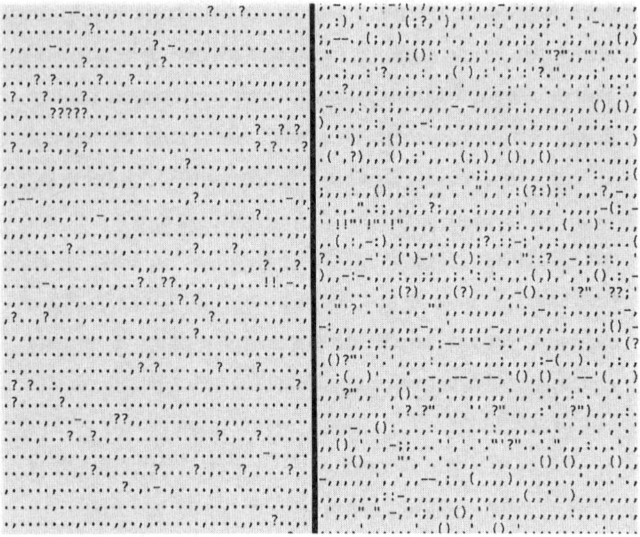

Eine literarische Landkarte von Adam Calhoun illustriert die Zeichensetzung in Cormac McCarthys *Die Abendröte im Westen* (links) im Gegensatz zu William Faulkners exklamatorisch betiteltem *Absalom, Absalom!*.

Die Interpunktion ist ein Minenfeld voller Entscheidungen und Möglichkeiten, deshalb erzählen uns Calhouns Karten nur bis zu einem gewissen Grad von den Büchern selbst. Womöglich sind sie eher das Kunststück eines Datenvisualisierers, doch stellen sie provokative Annahmen zur Beziehung zwischen Grammatik und Interpunktion auf, indem sie gewisse Zeichen bei Ausschluss anderer zusammenstellen: Einige (wie ; und :) setzen einen Satz fort, andere beenden ihn. Ausrufezeichen, behauptet Calhoun, haben dieselbe grammatikalische Funktion wie Punkte. Er betont damit ihre syntaktische Rolle gegenüber ihrer Fähigkeit, Gefühle festzuhalten und zu erwecken.

Und so holt sich das Ausrufezeichen seine Bedeutung als Satz-Terminator, der grammatikalische Macht besitzt und nicht nur Emotionen zum Ausdruck bringt, auf radikale Weise zurück. Das ! ist nicht allein für Gefühle zuständig, es erledigt auch ernst zu nehmende Syntaxarbeit. In der Vergangenheit wusste man das: Der Renaissance-Autor John Hart etwa erklärte, »die interrogativen oder admirativen« Sätze sind »von sich aus die vollsten Sätze & werden deshalb mit einem Punkt auf der Linie markiert« und mit der Kurve oder dem vertikalen Strich von ? und ! vervollständigt. Wie der Punkt treten auch Frage- und Ausrufezeichen bei Beendigung einer Gedankeneinheit auf die syntaktische Bremse. Doch teilen sie mit dem Punkt nicht nur die grammatikalische Macht über die Geschwindigkeit der Worte: Sie übernehmen die doppelte Aufgabe, sowohl die Struktur als auch den Ton auszuhandeln. Noah Lukeman, ein Lehrer für kreatives Schreiben, beschreibt das ! als »den Punkt, der in die Luft ging«, womit er seine grammatikalische Handlungskraft anerkennt und gleichzeitig den cholerischen Ausbruch einer nun sichtbaren Leidenschaft andeutet.

Man muss gar nicht so weit gehen wie Lukeman und dem Ausrufezeichen einen Jähzorn zuschreiben (oder andere unangenehme Phänomene aus der Welt der Gefühle):

Die Zwillinge ! und ? geben den Ton eines Satzes vor, und zwar sowohl buchstäblich (sie sagen, was wir mit unserer Stimme zu tun haben) als auch metaphorisch (sie betonen die Art dessen, was geäußert wurde). ? lässt unsere Stimmen hochgehen (in unseren Köpfen und Kehlen); ! zwingt sie zu Betonung und Lautstärke. ? deutet Unsicherheit und Zweifel an; ! strahlt nachdrücklich Überraschung, Freude oder Entrüstung aus.

– !!! –

Mehr noch als der Punkt helfen Ausrufe- und Fragezeichen zu verstehen, was über den semantischen Kontext des Texts hinaus gesagt wird. Der visionäre Hart sinniert, inwiefern es »sinnvoll [ist], sie an den Anfang statt an das Ende zu setzen, da ihre Satzmelodien sich von unseren anderen Aussprācheformen am Satzanfang unterscheiden«. Leider nimmt Hart im Anschluss seinen vernünftigen Vorschlag wieder zurück und bemerkt: »Die Angelegenheit ist von geringer Bedeutung.«

Auch der Königlich Spanischen Akademie war daran gelegen, den Tonfall von Sätzen herauszuarbeiten. Sie sprach sich deshalb für kopfstehende Versionen von ¡ und ¿ am Satzanfang aus, deren richtigherumstehende Geschwister am Satzende weiterhin den Schlussstein bilden sollten. Diese Konvention ergibt heute genauso viel Sinn wie schon 1754. Sie stimmt uns auf den grammatikalischen und tonalen Status eines Satzes ein und hilft uns, unsere Stimme und unsere Erwartungen anzupassen. Warum also stellen wir nicht in allen Sprachen bei Fragen und Ausrufen die kopfstehenden Zeichen voran? Vielleicht, weil die bereits existierenden textuellen Marker für die getroffenen grammatikalischen und lexikalischen Entscheidungen genügen, um die unmittelbare Richtung eines Satzes zu erfassen. Womöglich, weil verdoppelte Zeichen die Seiten überfrachten könnten.

¡Fenomenal!

Ausrufende Buchstützen ergeben im Spanischen absolut Sinn.

Vielleicht gab aber auch derselbe Grund den Ausschlag, weshalb es über einhundert Jahre gedauert hat, bis die Empfehlung der Königlich Spanischen Akademie in den täglichen Gebrauch übergegangen ist: Wir lieben das Unbestimmte. Wir genießen die Unsicherheit, nicht exakt zu wissen, was genau ein Satz aussagen wird. Unsere Gehirne lieben es, vielsagende Dinge zu entschlüsseln, seien es unscharfe Formen oder uneindeutige Botschaften. Ein Gegenstand, der sich in einem Gemälde Joan Mirós aus einem Wirbel aus Formen und Farben herauskristallisiert, oder das subtile Ziehen in diese oder jene Richtung, das sich in den mit spitzer Feder verfassten Dialogen eines Jane-Austen-Romans wiederfindet. Ein absoluter, vorgegebener

Sinn interessiert uns nicht. Wir lassen uns gern von Dingen herausfordern, die wir nicht verstehen.

Die Gründe, warum sich insbesondere Autoritäten wie die Königlich Spanische Akademie für Satzzeichen aussprechen, die den Ton setzen, sind klar: Jede Mehrdeutigkeit (auch wenn sie uns fasziniert) macht uns nervös. Gleiches gilt für Ironie. Etwas zu sagen und etwas anderes zu meinen – nur was? Einerseits schwelgten Schriftsteller und Denker über die Jahrhunderte im widersprüchlichen Bedeutungskarneval der Sprache, andererseits versuchten sie immer wieder, ihre Flüchtigkeit zu überwinden, indem sie immer ausgefallenere neue Satzzeichen erfanden. Vor allem die Ironie und ihr derber Cousin Sarkasmus (Ironie mit Biss) haben die Vorstellungskraft von Satzzeichenerfindern herausgefordert, und sie tun dies bis in unsere digitale Gegenwart hinein. Einige dieser neuen Interpunktionsideen sind marktschreierische Erfindungen, die nie dafür gedacht waren, in die luftigen Regionen der Grammatik aufzusteigen, wo Punkt und Komma die Macht innehaben; andere entstammen ernst zu nehmenden Plänen seriöser Spracherneuerer, die den Versuch unternahmen, mit neuen Zeichen einen ganz bestimmten Gedanken oder ein spezielles Gefühl zu transportieren. Letztere versuchen, widerspenstige Bedeutungen einzufangen und zu kontrollieren; die zuvor genannten Experimente dagegen unterstreichen die Absurdität aller Versuche dieser Art.

Allen unseren Bemühungen zum Trotz schlüpft uns die Sprache weiterhin durchs Netz und weigert sich, gefangen genommen zu werden. Diese Flüchtigkeit verwirrt uns so sehr, wie sie uns fasziniert: Wir lieben es, dem Sinn hinterherzujagen; und wir sehnen uns nach akkuraten Erklärungen. Die Interpunktion wird zum Schauplatz eines Streits, bei dem diese beiden gegensätzlichen Bedürfnisse versuchen, die Oberhand zu gewinnen, aber keines den endgültigen Sieg davonträgt.

– !!! –

⸮

Der Versuch, die Bedeutung von Wörtern aufzuschlüsseln, die sich vom Tonfall oder der Körpersprache gelöst haben, begann in der Renaissance: Im Jahr 1575 nahm der englische Drucker Henry Denham ein gespiegeltes Fragezeichen in sein Repertoire auf, das ausschließlich für »Perkontationen« vorgesehen war, also für Fragen, die nicht mit ja oder nein beantwortet werden können, sondern vielfältige Antwortmöglichkeiten zulassen, darunter auch die, überhaupt nicht zu antworten. Und so markierte dieses Perkontationszeichen zum Beispiel auch rhetorische Fragen. Sein Name leitet sich vom Lateinischen »durch« (per) und »Speer« (contus) ab: Eine rhetorische Frage ist so tiefgründig, dass sie den Befragten wie eine Lanze durchbohrt. Vielleicht wurde Denham dazu von Autoren veranlasst, deren Arbeiten er druckte und die sich ein solches Zeichen gewünscht hatten, vielleicht erfand er den Perkontationspunkt aber auch selbst. Denham interessierte sich zweifellos für neue Trends in der Literatur- und Textproduktion und importierte wenig später, in den 1580er-Jahren, das Semikolon aus Italien. Das gegenläufige Fragezeichen konnte sich nicht durchsetzen, wenngleich es in Manuskripten des 17. Jahrhunderts auftauchte, so etwa in Texten des Dichters und Priesters Robert Herrick oder bei Shakespeares Zeitgenossen und Dramatiker-Kollegen Thomas Middleton.

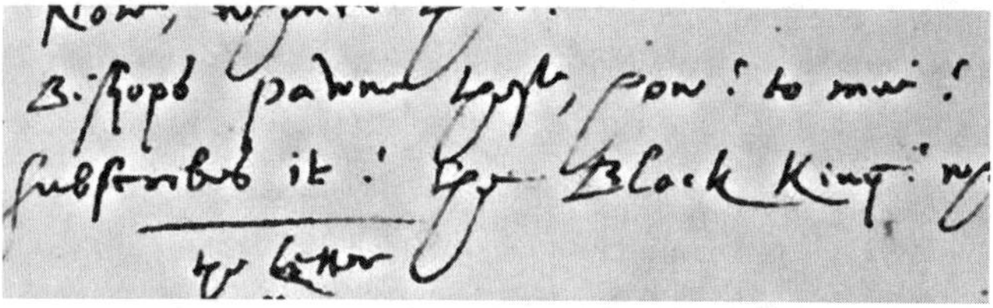

Thomas Middleton, Manuskript von *A Game at Chess* (1624), Akt II, Szene I. Man beachte die beiden Perkontationspunkte in »how⸮ to me⸮«.

Etwa ein Jahrhundert nach Denham forschte ein weiterer Engländer nach anderen Möglichkeiten, um Ironie deutlich zu kennzeichnen. Wie sein Vorgänger spielte John Wilkins mit unterschiedlichen Ausrichtungen existierender Zeichen. Er drehte das Fragezeichen nicht von rechts nach links, sondern stellte es auf den Kopf. Wilkins suchte nach Wegen, Mängel innerhalb der Sprache zu beheben und Formen der Fehlkommunikation zu reduzieren – Dinge, die nach seinem Empfinden zu den wichtigsten Gründen für das Elend der Menschheit gehörten. Als Wissenschaftler und Mitgründer der Naturwissenschaftsinstitution Royal Society schlug er eine Universalsprache aus Symbolen vor, die eher Konzepte als Wörter oder Töne repräsentierten. Wilkins hoffte, das beheben zu können, was er als die Fehlbarkeit aller Weltsprachen ansah: ihre Vielfalt und, daraus entstehend, auch ihre Meinungsvielfalt. Deshalb beschäftigte sich Wilkins (als akribischer Wissenschaftler, der er war) mit den Details der Ausdrucksformen. Er war davon überzeugt, dass kleinen Dingen große Bedeutung zukommt. So auch der Interpunktion. Doch ist der Versuch, die Sprache zu kontrollieren, immer schon verfehlt und manchmal sogar verhängnisvoll, und so gerieten Denhams ˁ und Wilkins ¿ nicht zuletzt deshalb in Vergessenheit, weil die interessanteren Dinge in genau diesen Zwischenbereichen stattfinden. Doch das Verlangen, Mehrdeutigkeiten zu bannen, war damit noch längst nicht erloschen.

Im Jahr 1708 verlangte der Militärstratege Jean-Léonor Le Gallois de Grimarest ein ganzes Heer neuer Interpunktionszeichen, um Lesern dabei zu helfen, den Ton des Autors zu erfassen, darunter einen Befehlspunkt, einen Misstrauenspunkt, einen Zornespunkt, einen Liebespunkt, einen Hasspunkt, einen Freudenpunkt, einen Schmerzenspunkt und einen Ironiepunkt. Er meinte es wahrscheinlich ernst, anders als viele Jahre später der Satiriker Marcellin Jobard, der zusätzliche Gefühlszeichen forderte, um »eine Unmenge kleiner parasitischer Phrasen« (zum Beispiel: »sagte er spöttisch«) zu ersetzen, die »nichts anderes tun, als den Diskurs zu verlängern und zu erschweren«. In seiner Schrift *Lacunes de la Typographie* von 1839 schlug er ein pikförmiges Mehrzweckzeichen vor, dessen Spitze in unterschiedliche Richtungen verwies und dadurch Irritation, Entrüstung, Zögern darstellte – und auch Ironie. (Augenzwinkernd bemerkte er, der Zweck des Zeichens sei es, »Duelle zu vermeiden«).

Gegen Ende des Jahrhunderts gestaltete der französische Humorist Alcanter de Brahm den Perkontationspunkt neu, um auf Ironie hinzuweisen – mit bescheidenem Erfolg: Immerhin enthielt der *Nouveau Larousse Illustré* von 1897 bis 1905 das Zeichen unter der Überschrift »Ironie«.

Wenn die Form des Fragezeichens, wie verzerrt auch immer, die Experimente mit Ironiepunkten über Jahrhunderte dominiert hat, dann brachte das 20. Jahrhundert das Ausrufezeichen zurück ins Spiel, um sich dem flüchtigsten aller Töne anzunähern. Alcanter de Brahms *point d'ironie* hat den Körper eines Ausrufezeichens und den Kopf eines Fragezeichens, womit er die Mischung aus Verwunderung, Überraschung, Empörung und Erstaunen einfing, die mit Ironie oder rhetorischen Fragen einhergehen kann. Der Cambridge-Gelehrte I. A. Richards empfiehlt in seinem

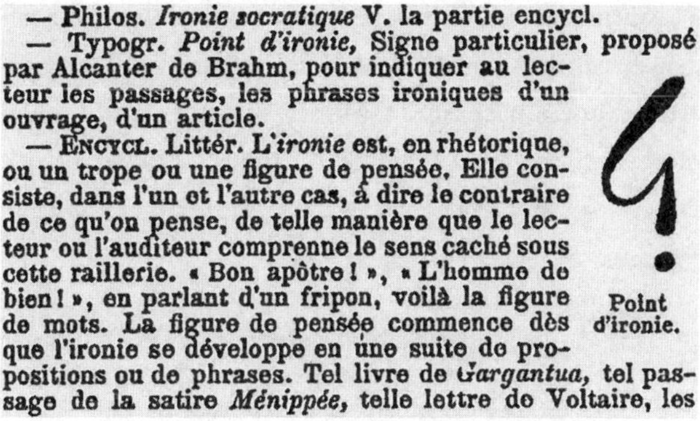

— Philos. *Ironie socratique* V. la partie encycl.
— Typogr. *Point d'ironie,* Signe particulier, proposé par Alcanter de Brahm, pour indiquer au lecteur les passages, les phrases ironiques d'un ouvrage, d'un article.
— Encycl. Littér. L'*ironie* est, en rhétorique, ou un trope ou une figure de pensée. Elle consiste, dans l'un et l'autre cas, à dire le contraire de ce qu'on pense, de telle manière que le lecteur ou l'auditeur comprenne le sens caché sous cette raillerie. « Bon apôtre ! », « L'homme de bien ! », en parlant d'un fripon, voilà la figure de mots. La figure de pensée commence dès que l'ironie se développe en une suite de propositions ou de phrases. Tel livre de *Gargantua,* tel passage de la satire *Ménippée,* telle lettre de Voltaire, les

Point d'ironie.

»Um dem Leser die ironischen Passagen anzuzeigen«: Alcanter de Brahm setzt sich für ein ironisches Interpunktionszeichen ein.

Buch *How to Read a Page* von 1942 ein Set von »Spezialzeichen«. Er schlägt damit in dieselbe Kerbe wie ein Jahrhundert vor ihm Marcellin Jobard, nur dass er es ernst meint, und setzt sich für eine Reduktion des Textverkehrs mithilfe von Symbolen ein, die »sowohl die visuelle als auch die intellektuelle Arbeit des Lesers abkürzen« würden. Diese Zeichen sollten gewisse Wörter wie schwebende Fußnoten umarmen und so ihre Tonalität oder Funktion innerhalb des Satzes kennzeichnen. Er schlug ein gedoppeltes »nb« vor (Abkürzung von »nota bene«), um Wörter zu kennzeichnen, die einen Umkehrpunkt in einem Gespräch markieren und für die es verschiedene Lesarten gibt, und ein Zwillings-»q« (»query«) für »Wörter, deren Bedeutung erforscht werden muss«. Er hat auch Ausrufezeichen gedoppelt, wie etwa in folgendem Beispiel, in dem er sich über einen anderen Literaturkritiker lustig macht und fordert: »Verwechseln wir nicht die Ursprünge eines solchen Misstrauens gegenüber der Psychologie mit der !Evidenz!, die er gegen sie ins Feld führt.«

q......q indicates that our problem is, What does this word say here? Not whether anything it seems to say is acceptable or not. The marks are equivalent to Query: what meaning? There is no derogatory implication. Most qimportantq passages are, or should be, in this situation.

!......! indicates surprise or derision, a Good Heavens! What-a-way-to-talk! attitude. It should be read 'shriek' if we have occasion to read it aloud.

nb......nb indicates that how the word is understood is a turning point in the discussion, and usually that it may easily be read in more than one way or with an inadequate perception of its importance. The sign is short for *Nota Bene*.

Drei von I.A. Richards' Vorschlägen für ein Set aus besonderen Symbolen aus seinem Buch von 1942, *How to Read a Page*.

Sollen wir beim lauten Lesen das Ausrufezeichen hinausschreien oder es nur in unseren Köpfen tun? Oder genügt der Anblick von Spott, um zu verspotten? Es wird insgesamt nicht ganz klar, was Richards von uns erwartet, weder mit seinen lautstarken Ausrufen noch mit dem Rest seiner Innovationen (so wundert es kaum, dass sie nie Fuß fassen konnten), doch seine Wahl des Ausrufezeichens als Indikator für Spott zeigt, dass die große Zeit des ! als Basis für die Entwicklung anderer neuer Zeichen gekommen war.

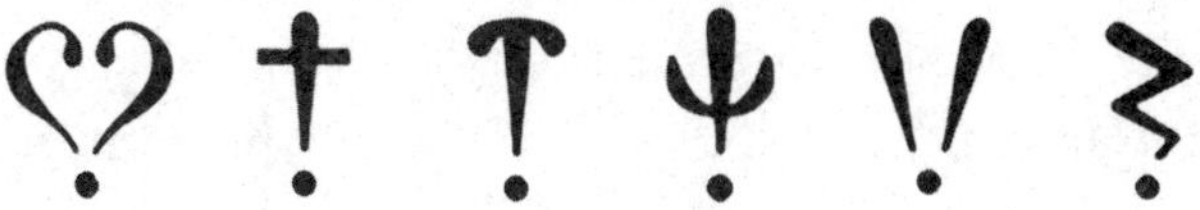

Zwanzig Jahre nach Richards veröffentlichte der französische Schriftsteller Hervé Bazin ein neckisches Manifest der Sprachreformen, in dem er unter anderem neue »Betonungspunkte« vorschlägt: den Liebespunkt (zwei Fragezeichen, die sich zärtlich aneinanderlehnen, als Wurzel denselben Punkt teilen und so ein vorläufiges Herz formen), den Überzeugungspunkt (in Kreuzform), den Autoritätspunkt (»wie der Sonnenschirm eines Sultans«, schreibt Bazin), den Ironiepunkt in Form eines ! mit ausgestreckten Armen (oder angelehnt an den griechischen Buchstaben Ψ – Psi –, ein Geräusch, das wir machen, wenn wir jemanden verspotten), den Beifallspunkt (wie das Victory-Zeichen, mit triumphierend »erhobenen Armen«) und schließlich der Punkt des Zweifels – gezackt, zerrissen, gespalten durch die Unentschlossenheit, auf welche Seite er jeden Moment umkippen wird.

Auch in der zweiten Hälfte des 20. Jahrhunderts entstanden mehrere neue Interpunktionszeichen, die sich ausschließlich in den Texten, die sie vorgeschlagen hatten, durchsetzen konnten, so etwa Raymond Queneaus Empörungspunkt und der durchaus notwendige »Scheißpunkt« des querulantischen französischen Dichters Michel Ohl, der ihn zum Beispiel für unfähige Lokalpolitiker vorgesehen hatte.

Das Ausrufezeichen liefert hierbei die Kernstruktur einer typografischen Verspieltheit: zwei Pobacken pressen ein ! aus Druckerschwärze heraus.

Auch in unserem digitalen Zeitalter wollen wir Ironie sichtbar machen, verzichten aber vollständig auf interpunktionsähnliche Symbole: Ironics oder nach links geneigte Kursivbuchstaben für sarkastische Bemerkungen eroberten in den 1990er-Jahren die Chatrooms; im Jahr 2001 schlug die Bloggerpionierin Tara Liloia vor, dem unterminierten Wort eine Tilde folgen zu lassen (du bist so schlau~); und 2010 hatte die einäugige Schnecke, das markengeschützte SarcMark  (es kostet nur $ 1,99 !!!) seinen Auftritt. Die Erfinder des Sarkasmuszeichens mussten für ihren Vorschlag übermäßig harte Kritik einstecken – vermutlich, weil sie die einzigen Erneuerer waren, die ihr Interpunktionsspiel zu Geld machen wollten. Dann kam Twitter und mit ihm der Metakommentar zum eigenen Kommentar: #Sarkasmus. Diese Praxis entwickelte eine

Schriftform (»Hashtag Sarkasmus«), die wiederum in die Umgangssprache eingedrungen ist. In den letzten Jahren haben wir uns ganz von Wörtern abgewandt und vielleicht etwas zu verzweifelt auf Bilder gestürzt. Wird uns das Emoji vor den Abgründen einer gesichtslosen Kommunikation bewahren?

Emojis sind jedoch auch nicht gegen den Zahn der Zeit gefeit: Genau wie alle anderen Trends unterliegen sie launischen Moden, und was heute hop ist, kann morgen schon wieder flop sein. Welche Art von Emojis SMS-Schreiber bevorzugen, zeigt oft ihre Generationszugehörigkeit. Und auch wenn das Emoji dem ! seinen ersten Rang als Gefühlszeichen abzuringen fähig ist, so wird es das Ausrufezeichen doch wahrscheinlich nie von seinem Siegerpodest stoßen: Emojis sind einfach zu kompliziert in ihrem Gebrauch und werden auch noch stets detaillierter, denn die Zahl der kleinen Handybilder wächst jedes Jahr. Wir können jetzt verschiedene Hautfarben auswählen, verschiedene sexuelle Orientierungen und verschiedene körperliche Eigenschaften. Diese Inklusivität macht Emojis zum perfekten Lehrmittel für eine diverse Gesellschaft, aber genau diese Fülle an Details macht kurze, knappe Internetkommunikation schier unmöglich. Deswegen werden wir das ! für prägnante Gefühlsbekundungen in der Zukunft definitiv noch gebrauchen können!

Von den neuen Zeichen, die versuchten, einen bestimmten Ton vorzugeben, war vielleicht Martin Speckters Erfindung von 1962 noch am erfolgreichsten: Er legte einfach ein ? über ein !. Der Werbefachmann war auf der Suche nach einem Zeichen, das Ungläubigkeit, Entrüstung, Angst und Dringlichkeit transportieren sollte, ein Ding, das »zu einer Zeit passt [...], in der sich fast jeden Tag eine neue Krise oder Katastrophe ankündigt«. Speckter führte in einem Typografie-Magazin eine Umfrage durch, bei der er um Namen für sein Zeichengebräu bat. »Exclamaquest«, »QuizDing« und »Exclarotive« schnitten eher mäßig ab, ganz im Gegensatz zu »Interrobang«, eine Fusion aus »Interrogation« und »Bang« (ein Begriff aus der englischen Druckersprache für !). ‽ ist keineswegs ein neues Zeichen, es besteht eher aus zwei alten, die zusammengepresst wurden. Vielleicht ist dies der Grund, warum es sich bis heute an den Randgebieten von Typografie und Textreproduktion herumdrückt, ohne je vollständig in den Kreis der Satzzeichen aufgenommen zu werden. Die Schreibmaschine von Remington Rand von 1968 enthielt zwar eine eigene Interrobang-Taste, und wenige Jahre später konnte man eine Sondertaste erwerben, die man an die Smith Corona Schreibmaschine schraubte, weshalb es ein gewisses Interesse an und Verständnis für das neue Zeichen gegeben haben muss – ein Interesse, das allerdings nicht groß genug war, um es dauerhaft am Leben zu erhalten. Das Interrobang oder Fragerufzeichen flüchtete sich in eine passive Existenz im Unicode, dem System aus individuellen Nummern für jedes Zeichen aller Sprachen, das von allen Geräten oder Programmiercodes verarbeitet werden kann. ‽ besteht fort in einigen wenigen ausgewählten Schriftarten (unter anderem auch im verspielten Calibri ‽).

Zwei Varianten des Interrobang: Palatino (links) und Calibri.

Die Geburt des Interrobangs hat gewisse Ähnlichkeiten mit der Erfindung des Semikolons durch den venezianischen Meisterdrucker Aldus Manutius im Jahr 1492. Der Italiener verschmolz das Komma mit dem Punkt, um eine nuancierte Pause zwischen der kürzeren und längeren Pause sowohl des Atems als auch des Gedankens anzuzeigen. Eine äußerst subtile Unterscheidung. Obwohl es sich um eine der Raritäten der Zeichensetzung handelt, verwenden wir das Semikolon bis heute – vielleicht, weil es sich gerade nicht mit dem Tonfall, sondern mit der Pause befasst. Experimente mit einer tonalen Zeichensetzung scheinen zum Scheitern verurteilt. Wie seine Vorläufer ist auch das Interrobang jenen stillen Tod gestorben, der den meisten neuen Zeichen blüht. Der Weg der Interpunktionszeichen ist gepflastert mit derartigen Verlusten: Wofür wir keine Verwendung haben, das stoßen wir von uns. Wer wollte die herrlich mysteriösen Freuden der Ironie auch endgültig entschlüsseln‽ Oder sollte es eher »entschlüsseln?!« oder »entschlüsseln!?« heißen?

– !!! –

Ein besonderer Auftritt des ‽ soll allerdings nicht unerwähnt bleiben: Es hat sich in dem italienischen Thriller *Interrabang* aus dem Jahr 1968 verewigt. Der Film ist ein *giallo*, eine Genrebezeichnung, die sich von billigen Kriminalromanen ableitet, die in gelben (giallo) Umschlägen verkauft wurden. Er handelt von drei wunderschönen Frauen auf einer Sommerinsel im Mittelmeer, die auf ihrer Jacht von einem gut aussehenden Mann besucht werden. Sein Vorstrafenregister interessiert sie selbst dann noch nicht weiter, als sie im letzten Winkel einer Bucht der Insel eine Leiche finden. *Interrabang* ist ein langsamer Film mit vielen attraktiven gebräunten Körpern, Haartürmen à la Brigitte Bardot und der Andeutung von Sex in

jedem erotischen Augenblick. Der *giallo* neigt zur Übertreibung, und dieser Film ist dafür ein perfektes Beispiel. Das Interrobang, das eine der Frauen als großen goldenen Anhänger trägt, ist ein passendes Symbol sowohl für das Genre (Wer ermordet wen und warum?) als auch für das schockierende Ende des Films. Wer ist am Ende der wahre Mörder? Nach Dutzenden überraschenden Wendungen und Ablenkungsmanövern können wir uns immer noch nicht sicher sein. Vor dem Abspann schwebt das Interrobang spöttisch über die Leinwand und neckt uns mit seiner zur Schau gestellten Ungewissheit.

– !!! –

Martin Speckter glaubte, das Interrobang sei nicht nur das angemessene Zeichen eines emotionalen Ausdrucks, sondern zugleich das Symbol seiner Zeit, einer Ära rapider Veränderungen, des kulturellen wie politischen Aufruhrs. Während das ? in ‽ für unsere Verblüffung steht, bringt das ! eine Verzweiflung zum Ausdruck. Das Ausrufezeichen ist das »Bang«, der Knalleffekt des Interrobangs, ein echter Paukenschlag, der uns aus jeder potenziellen Selbstzufriedenheit aufschrecken lässt. Dabei geht es ihm weniger um das, was wir ausrufen, sondern um die Intention, die den Ausruf überhaupt erst motiviert: Es verkörpert die Stimme des Autors und ermutigt uns, unsere Stimme ebenfalls zu erheben. Tatsächlich ermutigt es uns nicht nur, es zwingt uns dazu, ob wir wollen oder nicht. Wir werden zu all dem, was der Autor war, als er sich für ! entschied. Wir brauchen !, um fühlen zu können. Gleichzeitig beunruhigt uns die Macht, die es auf uns ausübt.

– !!! –

Die Fähigkeit des Ausrufezeichens, Ton und Gefühl zu orchestrieren, macht zumindest einige von uns nervös. Das Ausrufezeichen ist in beiden Lagern zu Hause: in der Grammatik und in der Rhetorik. Es folgt eisern ihren starren Regeln und verkörpert gleichzeitig unscharfe Gefühle, es sitzt zwischen syntaktischer Genauigkeit und nebulöser Subjektivität; es feiert seine doppelte Identität, es ist ein queeres Zeichen, das sich einfacher Binarität widersetzt, wie es kein zweites gibt.

Es ist genau diese Queerness, die sich nicht in altbackene Kategorien zwängen lässt, die Sprachpuristen auf die Palme bringt. Eine derartige Weigerung, entweder das eine oder das andere zu sein, empfinden sie als zu exzessiv. Seine Macht über unsere Gefühle sowie sein häufig doppeltes, dreifaches und vierfaches Auftreten in einer Polonaise von !!!! überfordert sie, weshalb Grammatiken und Stilratgeber nur so vor ätzender Kritik gegen das Ausrufezeichen strotzen. Sie warnen vor seiner Verwendung außerhalb persönlicher Kommunikationsformen, und selbst dort wird sein übermäßiger Gebrauch als »Zeichen undisziplinierten Schreibens« gewertet. Die vom Duden-Verlag herausgegebene Sonderausgabe aus dem Jahr 2002 über »Komma, Punkt und alle anderen Satzzeichen« und deren Verwendung gibt uns einen ähnlichen Praxistipp: Schreibende eines Sachtexts wie ein »Geschäftsbrief« sollten »mit den Ausrufezeichen sparsam umgehen«. !!! ist anscheinend nichts für die Berufswelt. Außerdem »genügt meist ein Punkt«. Nüchternheit ist Trumpf, bloß keine überschwängliche Zugabe!

The Blue Book of Grammar etwa warnt: »Verzichten Sie auf jegliches dieser Zeichen, es sei denn, Sie sind davon überzeugt, dass ihr Gebrauch gerechtfertigt ist.« *The Penguin Guide to Punctuation* versichert, das ! könne als »atemlos, beinahe kindisch« aufgefasst werden, und das allwissende *Chicago Manual of Style* widmet dem Einsatz des Ausrufezeichens weniger als eine Seite. Es reduziert seine korrekte Anwendung auf Proteste und ironische oder empathische Kommentare.

Dies überrascht nicht, wenn man bedenkt, wie skeptisch sich das *Chicago Manual* über das unkalkulierbare

Potenzial von Punkten und Gedankenstrichen äußert: Der Zweck der Interpunktion sei es, »das Lesen durch Veranschaulichung von Beziehungen zwischen und innerhalb von Sätzen zu erleichtern«. Wenngleich das *Chicago Manual* großzügigerweise einen gewissen Spielraum erlaubt, sollte die Interpunktion wiederum »von der konsequenten Anwendung einiger Grundprinzipien beherrscht werden, andernfalls verdunkelt das subjektive Element die Bedeutung«. Damit gibt es ein bloßes Lippenbekenntnis zur Flexibilität ab und misstraut der Wandelbarkeit von Sprache von Grund auf. Ob Grammatiken, Handbücher oder Regierungen – alle, die uns vorschreiben wollen, wie wir zu reden und zu schreiben haben, und die jede Abweichung von der selbst festgelegten Norm bestrafen, beunruhigt der nicht zu kontrollierende Reichtum der Sprache, ihre Neigung zu Exzess und Anarchie, ihre Unterwanderung ordentlicher Kategorien. Das ! verleiht den ordentlichen, körperlosen Zeichen auf unserem makellos weißen Papier ein chaotisches Element (alias Leben). Es stellt sich in den Dienst eines lustvollen, vergnüglichen Dschungels der Sprache. Regeln sind nicht zeitlos oder universell. Interpunktionszeichen folgen weder einem gottgegebenen System noch sind sie ein natürliches Element von Sprache – sie sind vielmehr, mit den Worten des Linguisten David Crystal, ein »Set an Praktiken von variierender Strenge«.

Die Zeichensetzung ist vage und nebulös, abhängig davon, wer was für wen mithilfe welcher Technik und in welcher Zeit schreibt. Die durch !!! verstärkte Textnachricht an die beste Freundin verlangt ganz andere Grammatik- und Interpunktionsregeln als ein handsignierter Brief an einen Anwalt. Entsprechend variiert eine effektive Zeichensetzung je nach textlicher Situation. Und doch fühlen sich selbsternannte Grammatikpolizisten, Verlage, Lehrer und offizielle Einrichtungen dazu berufen, unser Schreiben zu vermessen, zu beurteilen und zu sanktionieren.

– !!! –

Diese lähmende Einstellung zur Sprache, und im Besonderen zur Interpunktion, war nicht immer vorherrschend. Tatsächlich sind wir erst seit etwa zweihundert Jahren von Regeln besessen (oder von etwas, das wir als solche wahrnehmen). Grammatiken wurden auf beiden Seiten des Atlantiks zu einem wahrhaften Verlagsphänomen.

Die rasche Entwicklung von Unternehmen, die Bücher herstellten oder verkauften, trug zu dieser erhöhten Produktion bei, hinzu kam eine höhere Alphabetisierungsrate innerhalb einer Reihe von gesellschaftlichen Gruppen, die ihren sozialen Aufstieg womöglich mithilfe einer »korrekten« und »angemessenen« Sprache in Angriff nahmen. Doch wie wir im vorhergehenden Kapitel gesehen haben, kümmert es einen Gentleman herzlich wenig, ob er das i mit einem Punkt versieht oder sein t mit einem

Querstrich verziert. Technologie, Erziehung und soziale Mobilität erzählen die Geschichte dieses Papiertsunamis an Grammatiken jedoch nur unvollständig: Ein erhöhtes linguistisches Bewusstsein im Verlauf des 18. Jahrhunderts ging Hand in Hand mit Entwicklungen in den Naturwissenschaften. Grammatiker versuchten, parallel zu den Fortschritten der exakten Wissenschaften die Analyse der Sprache voranzutreiben, und priorisierten die Kategorisierung unveränderlicher Beziehungen und Regeln.

Wenn Sprache echte Wissenschaft sein sollte, musste es eine eindeutige Methode geben, um Sätze mit entsprechenden Satzzeichen zu konstruieren. In ihrem Versuch, Sprache als Analogie etwa zur Optik oder Mathematik als stabiles System mit allgemeingültigen Regeln und spezifischen Methoden zu definieren, beschrieben Grammatiker nicht nur die Konventionen, die Autoren zum jeweiligen Zeitpunkt befolgten, sondern fügten der verwirrenden Fülle an Verordnungen mehrere eigene Regeln hinzu – manchmal als letztes Mittel, um die Seiten zu füllen, die dem Verlag versprochen worden waren. Zu den Autoren, die den ständigen Zuwachs an Grammatikregeln vorantrieben, zählte auch Bischof Lowth, der sich dafür entschied, den getrennten Infinitiv, die doppelte Verneinung und die Stellung einer Präposition am Ende eines Satzes zu verurteilen. Seine höchst einflussreiche *A Short Introduction to English Grammar* (1762) wurde in den folgenden vierzig Jahren jährlich nachgedruckt und bis Anfang des

20. Jahrhunderts an einigen Schulen als Grundgrammatik verwendet.

Obwohl Lowth der Ruf vorauseilt, der Gründer des grammatikalischen Dogmatismus zu sein, wäre es ungerecht, ihn als Henker der Kreativität darzustellen. Schließlich gibt er unumwunden zu: »Man kann nur wenige präzise Regeln aufstellen, die ohne Ausnahmen für alle Fälle gültig wären.« Insbesondere sei die Interpunktion »mangelbehaftet«, womit »vieles dem Urteil und Geschmack des Schreibenden überlassen werden muss«. Lowth empfiehlt, uns mit dem zu arrangieren, was wir haben, und vertritt den Standpunkt, dass wir zwar beliebig viele neue Satzzeichen erfinden können, dass sie jedoch eher »verwirren und ein Hindernis, weniger eine Erleichterung« darstellen würden.

Trotz all dieser Versuche, allgemein anwendbare Grammatik- und Interpunktionsregeln herauszuarbeiten, hatten die Grammatiker und Stilisten des 18. Jahrhunderts eine weitaus entspanntere Einstellung zur Sprache, als ihnen oft zugestanden wird. Wenn sie eine Regel einführten, ließen sie Beispiele aus der Literatur und anderen Textformen folgen, womit tendenziell gezeigt wird, dass ein wirklich effektiver Stil samt Zeichensetzung vom Kontext abhängt und in der Tat nicht gelehrt werden kann, sondern langsam, gleichsam auf osmotische Weise erworben werden muss. Wer lernen will, gut zu schreiben, sollte gute Bücher lesen.

Im Verlauf des Viktorianischen Zeitalters begannen wir, den Präskriptivismus des 18. Jahrhunderts zu ernst zu nehmen und zugunsten stumpfer, gekünstelter Gesetze auf Beispiele zu verzichten. Interpunktion war nicht länger eine vielschichtige Frage der Effektivität, des textlichen Genres, Kontexts und persönlichen Geschmacks – eine dehnbare, unpräzise und weiträumige Schöpfung. Stattdessen verkam sie zu einer reinen Darstellung der Syntax, ohne Stimme und ohne Persönlichkeit – ohne !.

Was die Grammatikpolizei jedoch nicht weiß, oder geflissentlich übersieht, ist, dass Grammatik nicht von Regeln handelt und Regeln sowieso historisch sind. Und da sie historisch sind, unterliegen sie einem Wandel, der sich an den Entscheidungen derjenigen orientiert, die Sprache gebrauchen. Die Regel von heute ist nicht die Regel von morgen. So wurden vor hundert Jahren separate Einheiten auf einer einfachen Liste noch durch Semikolons markiert. Nur wenige würden diese Wahl heute noch treffen. Systematisierungen geben uns ein Gefühl der Sicherheit, doch der Schein trügt. Etwas wird zur Regel, weil wir kollektiv daran glauben. Die Grammatik hilft uns nicht dabei, den Preis für die richtige Antwort zu gewinnen, sie skizziert uns vielmehr in einer groben Landkarte, wie sich eine Sprache verhält, damit wir uns in ihr zurechtfinden. Regeln entsprechen am ehesten sich ständig entwickelnden

Zonen, zwischen denen Sprache sich verwirklicht und das konventionell »Richtige« mit dem konventionell »nicht ganz Richtigen« versöhnt. Ob eine bestimmte Interpunktion funktioniert, muss anhand einzelner Fälle entschieden werden. Die eine Regel für alle Fälle gibt es nicht.

–!!!–

Im Nachwort ihres Buches *Woman Hating* von 1974 beschreibt die feministische Schriftstellerin Andrea Dworkin, wie im Herstellungsprozess vor dem Druck ihres Buches aus ihrem grammatikalisch komplexen Text ein stinknormaler gemacht wurde. Ihre Kleinschreibung wurde korrigiert, fehlende Apostrophe gesetzt und Zeichen überall dort eingefügt, wo es notwendig schien – Zeichen, die sie als »Müll« bezeichnet. Dworkin glaubt, Zeichen legen sowohl den Text als auch seine Leser an Ketten. Sie zwängen die Unordnung, in der zu verweilen sie uns einlädt, in ein unnötiges Korsett. Satzzeichen sind (wie Kleidung und Sexualität) ein fester Bestandteil unterdrückerischer Standardformen, die auch unter dem Namen Konventionen fungieren.

»Konventionen sind mächtiger als Armeen, die Polizei und Gefängnisse«, behauptet Dworkin. »Jeder Bürger wird zum Erfüllungsgehilfen, Türsteher und Werkzeug des Gesetzes, zum gefühllosen Wächter, der seinen Mitmenschen einen Schlag in die Magengrube versetzt.«

Dworkin würde über die Absurdität lachen, dass Schulkinder aufgrund »falscher« Ausrufezeichen nicht versetzt werden. Wer einen Text nach »Standardformen« beurteilt, betrachtet ihn mit Argwohn aufgrund der Macht, die er auf unseren formbaren Verstand ausüben könnte. Andererseits: Ein Text, »der Standardformen missachtet, trägt dazu bei, die eigenen Denkweisen zu verändern«. Dies heißt nicht, »einfach nur an etwas anderes zu denken, sondern anders zu denken«. Das ! verlangt genau das von uns.

DRITTES KAPITEL

»BRUMM! BRUMM!«

Die Literatur und der feuerrote Schal

Egal, welches Handbuch der Grammatik man zur Hand nimmt: Die Ratschläge zu ! sind üblicherweise kurz (eine, allerhöchstens zwei Seiten), da intuitiv für alle klar zu sein scheint, wie man es verwendet. Bücher über Stilistik neigen dazu, uns vom Gebrauch des Zeichens grundsätzlich abzuraten. Kaum jemand schlägt vor, es häufiger zu benutzen. An dieser Stelle sei an das satirische Genie des russischen Schriftstellers Anton Tschechow erinnert: In seiner Kurzgeschichte »Das Ausrufezeichen« von 1885 inszeniert Tschechow die Leiden eines Mannes, den das Problem des ! um den Verstand bringt. Der Kollegiensekretär Perekladin, ein Dokumentenkopist, wird bei einem Empfang von einem jungen Mann beschuldigt, für eine so respektable Stellung wie die seine nicht gebildet genug zu sein. Zu seiner Verteidigung merkt Perekladin an, dass das Abschreiben von »Akten« keinerlei Erziehung erfordere.

Weder Rechtschreibung noch Interpunktion stellten ein Problem dar, wenn man sie nur aus »Gewohnheit« richtig anwende. Der junge Mann widerspricht und behauptet, »es reicht nicht, dass Sie die Interpunktionszeichen richtig setzen« – man müsse dies »bewusst« tun. Andernfalls handele es sich lediglich um eine »rein mechanische Reproduktion«!

Dieses Argument ärgert Perekladin so sehr, dass er sich nachts im Bett hin und her wälzt und von Satzzeichen träumt, die als leuchtende Formen aus einem dunklen Himmel hervortreten und von ihm verlangen, ihre Anwendungsregel aufzusagen, bevor sie wieder verschwinden. Meteorische Kommata und fallende Sternschnuppenpunkte leuchten auf und vergehen, und der arme Träumende wird immer überzeugter von seinen Interpunktionsfähigkeiten, bis ihm schließlich ein Zeichen schwer zusetzt: Es ist das !, und er hat keine Ahnung, wie es zu verwenden ist. In seiner Qual rüttelt Perekladin seine Frau wach und fragt sie nach den Regeln, die sie ihm (aufgrund ihrer Ausbildung im Mädchenpensionat) mühelos aufzählen kann: Man benutzt es bei »Anreden, Ausrufen und bei Ausdrücken der Begeisterung, der Entrüstung, der Freude, des Zornes und anderer Gefühlsäußerungen«. Gefühle … sinniert der Beamte. In vierzig Dienstjahren und nach Abertausenden Zeilen voller Wörter hatte er es kein einziges Mal mit Gefühlen zu tun. »Aber braucht man denn in Akten Gefühle?«, fragt er sich.

Eine Einstellung wie diese muss sich natürlich rächen. Ohne Gnade stellt das Ausrufezeichen Perekladin nach. Es blinzelt ihn neben dem Toilettentisch seiner Frau an, tanzt in einer Kerzenflamme und versteckt sich in seinen Stiefeln. »Schreibmaschine! Maschine!«, verspottet es ihn. »Gefühlloser Holzklotz!« Der Angestellte verliert über das unablässig auftretende Zeichen seinen Verstand. In einem Anfall von Raserei eilt er zur Arbeit und unterzeichnet die Weihnachtskarte für seinen Chef mit drei triumphierenden !!! nach seinem Namen. Endlich empfindet er alle so lange unterdrückten Gefühle des Glücks, der Entrüstung, der Freude und vor allem des Zorns. Endlich ist er erlöst: »Das feurige Zeichen gab sich zufrieden und verschwand.«

Wo es Menschen gibt, ist das ! nicht fern. Doch obwohl sie den nüchtern analytischen Dokumenten eines Beamten diametral entgegengesetzt sind, sind auch literarische Texte nicht völlig frei von Zwängen: Hat ein Schriftsteller ein Trio !!! nötig, damit eine Szene lebendig wird, so sollte er diese Passage nach gängiger Meinung noch einmal überarbeiten. Der Creative-Writing-Dozent Noah Lukeman charakterisiert in seinem Buch *A Dash of Style: The Art and Mastery of Punctuation* das ! als »das grelle grüne Kleid, den feuerroten Schal« und ergänzt: Womöglich »ergibt sich alle fünf Jahre eine Gelegenheit, bei der man es braucht; bis dahin sollte man es wie besagte Kleidungsstücke im Schrank verwahren«. Das Ausrufezeichen ist einfach protziger und aufmerksamkeitsheischender, als ihm guttut, es ist für *Echte Literatur* ein zu billiger Thrill. Ein Glück, dass Schreibende nur selten Schreibtipps befolgen, am allerwenigsten ihre eigenen.

Der amerikanische Krimi- und Thriller-Autor Elmore Leonard ist dem ! gegenüber eher streng: »Mehr als zwei oder drei auf 100.000 Wörter Prosa sind nicht erlaubt.« Doch er selbst übertrifft die Anzahl der gestatteten Ausrufezeichen um das Sechzehnfache. Der Datenjournalist Ben Blatt hat die Zahlen für uns ausgewertet und herausgefunden, dass sich bei den für seine Studie ausgewählten Autorinnen und Autoren die Zahl der veröffentlichten Romane indirekt proportional zu den Ausrufezeichen verhält, die diese darin verwenden.

Elmore Leonard	45 Romane	49
Ernest Hemingway	10 Romane	59
John Updike	26 Romane	88
Michael Chabon	7 Romane	91
Neil Gaiman	7 Romane	96
Chuck Palahniuk	14 Romane	106
William Faulkner	19 Romane	108
Toni Morrison	10 Romane	111

Anzahl der ! pro 100.000 Wörter.
Nach Ben Blatts *Nabokov's Favorite Word is Mauve* (2017)

Je weniger Bücher jemand schreibt, desto höher, so scheint es, ist die Zahl der emotionalen Ausbrüche. Es handelt sich zwar um eine fragwürdige Schlussfolgerung (sie setzt voraus, dass die untersuchten Bücher eine einheitliche Länge besitzen), doch Blatt behauptet darüber hinaus, je unerfahrener (oder weniger erfolgreich) ein Schriftsteller sei, desto höher falle die Anzahl der Ausrufezeichen aus: Bei der Analyse von 9000 Werken aus der Fanfiction mit insgesamt einer Milliarde Wörtern, die zwischen 2015 und 2017 veröffentlicht wurden, fand Blatt im Schnitt 392 Ausrufezeichen pro 100.000 Wörter. Das sind viermal so viele wie in 100 Bestsellern und preisgekrönten Büchern aus dem Jahr 2017.

Blatts Lorbeerkranz für die meisten Ausrufezeichen in einem einzigen Buch erhält Salman Rushdies *Mitternachtskinder*, das bei einer Gesamtzahl von 2131 ! einen Schnitt von 6 ! pro Seite schafft. Das sind ziemlich viele rosa Schals. Doch wurden den *Mitternachtskindern* unzählige Formen der Anerkennung zuteil, darunter der Booker Prize von 1981 wie auch der Booker of Bookers (zwei Mal!), der unter allen Gewinnern seit Einführung des Preises im Jahr 1968 vergeben wurde.

Ohne Frage kann einem das ! zu Aufmerksamkeit verhelfen.

Ein würdiger Kandidat für die Exklamationskrone wäre auch der Bestseller-Autor Tom Wolfe, in dessen Büchern es vor dreisten und knalligen !!!!!!!-Gewittern nur so wimmelt. Erste öffentliche Aufmerksamkeit erregte Wolfe 1965 mit der Essaysammlung *The Kandy-Kolored Tangerine-*

Flake Streamline Baby (erschienen 1968 als *Das bonbonfarbene tangerinrot-gespritzte Stromlinienbaby* auf Deutsch). Der Band versammelte Wolfes Essays für das Magazin *Esquire*. Der Titel geht auf den Essay über Kustoms zurück (aufgemotzte Autos aus den 1930er- bis 1960er-Jahren), der ursprünglich als »There goes (VAROOM! VAROOM!) that Kandy Kolored (THPHHHHHH!) tangerine-flake streamline baby (RAHGHHHH!) around the bend (BRUMMMMMMMM-MMMMMMMMM......« erschienen war.

There goes (VAROOM! VAROOM!) that Kandy Kolored (THPHHHHHH!) tangerine-flake streamline baby (RAHGHHHH!) around the bend (BRUM MMMMMMMMMMMMMMMM......

by THOMAS K. WOLFE

Tom Wolfes Essay
»The Kandy-Kolored Tangerine-Flake Streamline Baby«
in der ursprünglichen, im *Esquire* veröffentlichten Form.

Der Titel, der das obere Drittel zweier gegenüberliegender Seiten umfasst, präsentiert sich in einer erfreulich wagemutigen typografischen Spielerei. Gegen die vergrößerte Schrift der in Klammern gesetzten Laute müssen die bizarren, aber immerhin einen Inhalt transportierenden Hauptwörter des Hauptsatzes das Nachsehen haben. Die Transkriptionen von Autogeräuschen erinnern an Sprechblasen in Comicheften oder an Sprachen, die Kinder im Spiel erfinden, und vielleicht ist dies genau die Art und Weise, wie Besitzer von Kustom Kars ihre, ähm, bonbonfarbenen Babys behandeln. Die Ausrufezeichen katapultieren die umklammerten Krachmacher aus der Seite heraus direkt in unsere Augen und Ohren. Man beachte, wie sich das letzte zu erwartende ! in den Punkt-Punkt-Punkt-Abgasen des hochdrehenden und dem Magazin enteilenden Kustom Kars auflöst.

Wolfe leistete in den 1960er- und 1970er-Jahren einen wichtigen Beitrag zur Entwicklung einer neuen Form von Journalismus, der Feature Story, die sich in nicht fiktionalen Geschichten fiktionaler Elemente bediente. Wolfes Reportagen, die sich mit hoher Geschwindigkeit von einer Szene zur nächsten bewegen, sind ausladend und gesprächig, bisweilen sogar laut und aggressiv. Wenn seine journalistischen Texte sich bei der Literatur bedienten, so floss umgekehrt sicherlich auch seine Zeitungsarbeit in seine fiktionalen Formen ein: Wolfes erster Roman, *Fegefeuer der Eitelkeiten* (1987), endet nach ungefähr 230.000 Wörtern und gepfefferten 2400 Ausrufezeichen – etwa drei pro Seite. Das Ausrufezeichen passt genau zur schrillen Achtzigerjahre-Stimmung des Buches und der Entlarvung New Yorks als Brutstätte börsennotierter Gier, rassistischer Spannungen und glamouröser Gerichtsprozesse. Meisterhaft beherrscht Wolfe die Dringlichkeit, die ein ! verbreitet, wenn es uns anspringt und hochfahren lässt:

> Harlem erhebt sich! Was für eine Schau! Nicht die Nutten und die Arbeiter und die Schauspieler erheben sich, sondern *Harlem* erhebt sich! Das ganze schwarze New York steht auf! Er ist nur der Bürgermeister von einigen Leuten! Er ist der Bürgermeister des weißen New York! Heizt dem Dummkopf ein!

Wer würde sich hier nicht erheben, getragen und fortgespült von der Macht des Ausrufezeichens?!

– !!! –

Der Gebrauch haufenweiser ! sollte zu Wolfes Markenzeichen werden, wodurch er seine Verbindung zu diesem Zeichen sogar als kulturelles Kapital geltend machen konnte: In einer Folge der *Simpsons* tritt Wolfe bei einem Literaturfestival zu Ehren eines eher fragwürdigen Dichters (*Simpsons*-Kneipier Moe Szyslak) auf, und Lisa Simpson führt ihn wie folgt ein: »Er verwendet das Ausrufezeichen häufiger als jeder andere amerikanische Autor.« Woraufhin Wolfe vergnügt antwortet: »Das stimmt!« Wenn man ihn herausforderte, verteidigte auch der echte Wolfe seinen exklamatorischen Stil: »Die Leute beschweren sich über meine Ausrufezeichen, doch ich glaube wirklich, dass die Leute genauso denken. Ich glaube nicht, dass Menschen in Essays denken; sie reihen ein Ausrufezeichen an das andere.« Es mag seltsam erscheinen, dass Wolfe behauptet, wir dächten von ! zu !, doch vielleicht sind unsere inneren Stimmen weniger gelassen und friedlich, als wir es gerne hätten.

Das ! kann sich durch seine Überpräsenz bemerkbar machen, es kann aber auch durch nahezu vollständige Abwesenheit auffallen: In *Der alte Mann und das Meer*, veröffentlicht kurz vor seiner Auszeichnung mit dem Nobelpreis 1954, verwendet Hemingway ein einziges, schicksalhaftes !, als der alte Mann an der Angelschnur zieht und so die Ereignisse ins Rollen bringt, die ihm, je nach Sichtweise, Elend und Segen zugleich bedeuten. Allein auf hoher See begreift der alte Mann, dass seine Pechsträhne in der Fischerei zu Ende geht, endlich hat ein Tier von gigantischen Ausmaßen angebissen. Während er auf den perfekten Augenblick wartet, um die Fangleine zu straffen, lässt der alte Mann den Marlin vom Köder fressen:

> Komm brav nach oben und lass mich die Harpune in dich stechen. Na schön. Bist du bereit? Hast du lange genug getafelt?

> »Jetzt!«, sagte er laut und packte fest mit beiden Händen zu, holte einen Meter Leine ein und dann noch einen und noch einen, wobei er abwechselnd mit aller Kraft beide Arme und das vor- und zurückschwingende Gewicht seines Körpers einsetzte.[1]

Dieses einsame Ausrufezeichen – eines von nur 59 in Hemingways Gesamtwerk – hat eine gewaltige Aufgabe zu erfüllen. Umso ungewöhnlicher, dass das Ausrufezeichen in der weit verbreiteten deutschen Übersetzung von Annemarie Horschitz-Horst gänzlich entfällt. Es stellt das plötzliche Ziehen an der Angel zur Schau, die erwartungsvoll gespannte Aufmerksamkeit, den Tempowechsel sowohl des alten Mannes als auch der Leser – mit Sicherheit wird der monströse Fisch nach diesem Eindringen in sein Reich gleich zu rasen beginnen. Bestimmt wird das »Jetzt!« den Kampf zwischen Mensch und Tier einläuten. Hemingway jedoch fährt fort:

> Nichts geschah. Der Fisch schwamm einfach langsam davon, und der alte Mann bewegte ihn keinen Zoll nach oben.[2]

Wenn es je eine literarische Antiklimax gegeben hat, dann diese.

---

1 Ernest Hemingway: Der alte Mann und das Meer. Übersetzt von Werner Schmitz. Rowohlt: Reinbek 2014.

2 Ebd.

Wäre Blatts Verbindung zwischen hohen Verkaufszahlen und moderater Verwendung von Ausrufezeichen zutreffend, wären *Fegefeuer der Eitelkeiten* und *Mitternachtskinder* nicht so erfolgsgekrönt, wie sie es sind. Und umgekehrt dürfte auch *Der alte Mann und das Meer* aufgrund seiner !-Armut nicht zu den Bestsellern zählen. Wie lassen sich diese Ausreißer im Sinne von Blatts Berechnungen erklären? Eine solche Analyse literarischer Texte steht auf wackligen Füßen. Sie vergisst nur zu gern, die natürliche Evolution der Sprache und des Geschmacks in ihre Kalkulation mit einzubeziehen: Was etwa heute als Klischee gilt, war es gestern noch nicht. Wie berücksichtigen wir die stilistische Entwicklung eines Autors, wenn wir ihn mithilfe von Statistiken interpretieren? Und wer garantiert uns, dass Jane Austen die Ausrufezeichen in *Stolz und Vorurteil* selbst gesetzt hat? (Spoilerwarnung: Sie hat es nicht getan.)

Die Frage, ob Schriftsteller die Ausrufezeichen in ihren Texten selbst eingefügt haben oder nicht, ist von entscheidender Bedeutung. Die Existenz einer überbordenden Flut an Ausrufezeichen deutet im Allgemeinen darauf hin, dass sie beteiligt waren, da ihre Lektoren wohl kaum so deklarative Zeichen wie ! in einen Text einfügen. Wenn Tom Wolfes Ruf von einer Vielzahl von ! abhängt, kann man davon ausgehen, dass er eine besondere Aufmerksamkeit darauf verwendet hat, dass diese den Weg vom Manuskript zur Erstveröffentlichung überleben. Dasselbe Argument gilt auch für mutige Bücher, die ! im Titel tragen, etwa *Die !!!* oder *Gregs Tagebücher*, deren Untertitel beinahe ausschließlich mit ! enden, etwa *Von Idioten umzingelt!*, *Volltreffer!* oder *Halt mal die Luft an!*.

Doch nicht nur Kinderbuchautoren wissen um die Macht eines Peng!: Auch Erwachsene können sich für gut gesetzte Ausrufe begeistern, siehe *Ohne mich, Jeeves!* von P.G. Wodehouse, Ann Cottens *Verbannt!*, *Pfoten vom Tisch!* von Hape Kerkeling oder *Silentium!* von Wolf Haas.

Absalom, Absalom! von Nobelpreisträger William Faulkner

spielt vor, während und nach dem amerikanischen Bürgerkrieg und ist frei nach der biblischen Geschichte von Absalom erzählt, eines rebellischen Kindes und seines darüber untröstlichen Vaters, dessen Klage um den Sohn uns schon auf dem Buchcover sofort ins Auge fällt.

Einige Schriftsteller streben nach maximaler Kontrolle über ihre Werke, vom ersten Punkt bis zum fertigen Buch. Zu ihnen zählte auch Mark Twain. Für die Originalausgabe seines *Ein Yankee am Hofe des König Artus* wies er den Schriftsetzer an, »bezüglich der Zeichensetzung keine Meinung zu vertreten, sich einfach nur zur Maschine zu machen und die Vorlage umzusetzen« – also in der Tat zu einem zweiten Perekladin zu werden. Und wir wissen nur zu gut, wie so etwas endet. Weil Twains Schriftsetzer über ein Übermaß an Gefühlen und Meinungen hinsichtlich Kommata und Doppelpunkten verfügte, fand sich der Autor in einer Schlacht wieder: Als ein Korrektor ihn darauf hinwies, dass er seine Zeichensetzung verbessert habe, antwortete Twain mit »telegrafierten Anweisungen, ihn zu erschießen, bevor er noch Zeit zum Beten hatte«. Noch ein Jahrzehnt später verlangte Twain von seinen Verlegern, sie sollten seine ursprüngliche Zeichensetzung »wiederherstellen« und alle »Wahnsinnigkeiten« tilgen, damit er noch einmal die »gereinigten Seiten« lesen könne, bevor sie in den Druck gehen.

Andere Autoren sind deutlich weniger interessiert an der Interpunktion, wieder andere sind für professionelle Hilfe dankbar. Zu Beginn seiner dichterischen Laufbahn bat Lord Byron seinen Verleger John Murray um Hilfe: »Kennen Sie jemanden, der Zeichen setzen kann – also Kommata und so weiter? Ich befürchte nämlich, dass ich in Fragen der Zeichensetzung eine Niete bin.« William

Wordsworth glaubte seine Gedichte bei dem Naturwissenschaftler Humphrey Davy sicher und charakterisierte sich selbst als »nicht geschickt« im »Geschäft« der Zeichensetzung.

– !!! –

Doch den !-Gewohnheiten von Autoren und Autorinnen nachzuspüren, ist nicht so einfach, wie es scheint. Jane Austen, die für ihren ausgewogenen Semikolon-Stil berühmt ist, musste erst durch den Filter ihres ursprünglichen Schriftsetzers und Herausgebers (und von all deren Nachfolgern) zu uns durchdringen. Die wenigen Manuskriptseiten, die von ihr noch existieren, zeigen jedoch eine Schriftstellerin, die ihre Seiten mit Gedankenstrichen und Ausrufezeichen pfeffert, falsche Satzanfänge durchstreicht, zwischen die Zeilen neue Sätze schiebt und ihre Seiten bekleckert, während sie von Gedanken zu Gedanken eilt – ein wenig wie Tom Wolfe. Doch Jane Austen hat man die atemlose Zeichensetzung und Spontaneität herausredigiert, vielleicht weil ein solcher Eindruck von ihr den stereotypischen Vorstellungen einer sittsamen und zurückhaltenden Autorin widersprochen hätte.

Benötigte Jane Austen also mehrere Männer, um ihre schludrigen Entwürfe in jenen Stil umzuformen, für den sie heute verehrt wird?

Ja und nein.

Wir besitzen bedrückend wenig handschriftliches Material von Austen und kaum ein Manuskript ihrer veröffentlichten Werke. Was uns jedoch vorliegt, sind bereinigte Exemplare ihres ersten, unveröffentlichten Romans *Lady Susan* und einige frühe Experimente mit Miniaturstücken, die die elfjährige Jane für die Familie geschrieben hatte, voller kluger, spöttischer Beobachtungen über die Sitten ihrer Zeit, wie wir es von der hellsichtigen Satirikerin erwarten dürfen, die sie einmal werden sollte. Es existieren auch die Entwürfe zu zwei unveröffentlichten Romanen (*Die Watsons* und *Sanditon*) und zwei unvollendete Kapitel aus *Persuasion* (im Deutschen unter dem Titel *Anne Elliot*), das 1818, zwei Jahre nach Austens frühem Tod im Alter von 42 Jahren, erschien. Dieses handschriftliche Vermächtnis erweitert die Spanne von Janes schriftstellerischer Karriere über die Zeit ihrer sechs großen Romane hinaus und ermöglicht es uns, ihre Entwicklung als Autorin zu ermessen. Die Kapitel aus *Persuasion* sind von besonderem Interesse, da sie am ehesten dem entsprechen, was sie ihren Verlegern übergeben haben könnte. Außerhalb dieser wenigen Seiten besitzen wir keine Anhaltspunkte dafür, wie sehr oder wie wenig sie am Übergang von den Manuskripten zu den veröffentlichten Büchern beteiligt war.

Wie aber sehen ihre Aufzeichnungen im Urzustand aus? Nehmen wir ein Beispiel vom Ende von *Persuasion*, in dem die Heldin Anne und Captain Wentworth ihre

Ansichten über ihren steinigen Weg zur Verlobung austauschen.

Die Übersetzer Ursula und Christian Grawe haben die Stelle so ins Deutsche übertragen und sich in der Zeichensetzung an die englische Druckfassung gehalten:

> »Du hättest den Unterschied erkennen sollen«, erwiderte Anne. »Du hättest mir jetzt nicht misstrauen sollen, in der jetzigen Lage und bei meinem Alter. Wenn ich den Fehler gemacht habe, der Überredung einmal nachzugeben, bedenke, dass es sich um Überredung zugunsten der Sicherheit und nicht des Risikos handelte. Als ich damals nachgab, dachte ich, ich handelte aus Pflichtgefühl. Aber auf Pflichtgefühl konnte ich mich diesmal nicht berufen. Hätte ich einen mir gleichgültigen Mann geheiratet, wäre ich jedes Risiko eingegangen und hätte jedes Pflichtgefühl verletzt.«
>
> »Vielleicht hätte ich so argumentieren sollen«, antwortete er, »aber das konnte ich nicht.«

Man vergleiche diese Zeilen mit Jane Austens Manuskriptversion voller Gedankenstriche und großgeschriebener Wörter, die keinen Eingang in die englische Druckfassung fanden:

> ›You should have distinguished – replied Anne – You should not have suspected me now; – The case so different,

& my age so different! – If I was wrong, in yeilding to Persuasion once, remember that it was to Persuasion exerted on the side of Safety, not of Risk. When I yeilded, I thought it was to duty. – But no duty could be called in aid here. – In marrying a Man indifferent to me, all Risk would have been incurred, & all duty violated.‹ – ›Perhaps I ought to have reasoned thus, he replied, but I could not. –‹

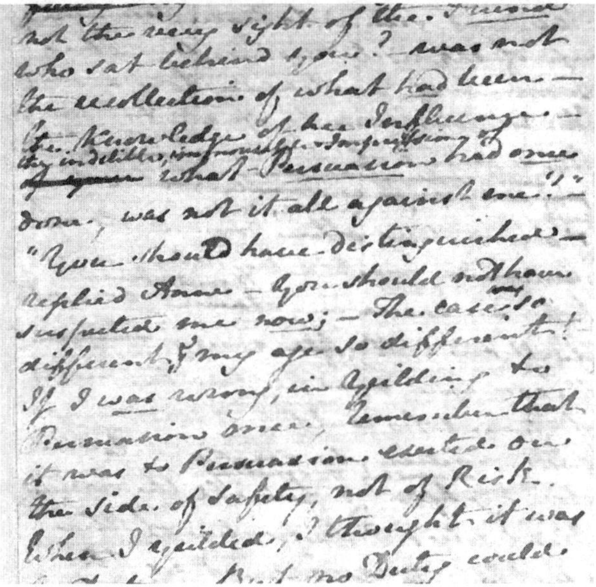
not the very sight of the Friend
who sat behind you? – was not
the recollection of what had been –
the knowledge of her Influence –
what Persuasion had once
done, was not it all against me?" –
"You should have distinguished –
replied Anne – You should not have
suspected me now; – The case so
different, & my age so different!
If I was wrong, in yeilding to
Persuasion once, remember that
it was to Persuasion exerted on
the side of Safety, not of Risk.
When I yeilded, I thought it was
But no Duty could

Das Ausrufezeichen (letztlich herausredigiert) befindet sich am Ende der zehnten Zeile dieses Originalmanuskripts von *Persuasion*.

In Austens handschriftlichem Original folgt die Zeichensetzung den Rhythmen der gesprochenen Sprache und betont emotionale Wendungen. Als Teenager hatte sie kurze Theaterstücke geschrieben, die zu Hause aufgeführt wurden; als Erwachsene konnte sie sich in ihrer Prosa dieses Gehör für Dialoge bewahren. Austens Zeitgenosse, Dichter und Literaturkritiker Samuel Taylor Coleridge glaubte, Satzzeichen seien keine »logischen Symbole, sondern eher dramatische Anweisungen, die den Prozess des Denkens und Sprechens verkörpern«. In dieser Funktion ermöglichen sie es »dem Leser, sich selbst leichter in den Zustand des Schriftstellers oder ursprünglichen Sprechers hineinzuversetzen«. Sie helfen uns, das zu fühlen und zu denken, was der Protagonist fühlt und denkt. Was hätte Coleridge gesagt, hätte er gewusst, dass Austens Interpunktion abgespeckt worden war?

Im Gegensatz zum hastigen und expressiven Original handelt es sich bei dem gedruckten Endprodukt um ein geglättetes Ding ohne jene Gedankenstriche, großgeschriebenen Wörter und Streichungen, die ein zwar unregelmäßiges, aber aufregendes visuelles Leseerlebnis vermitteln. Warmherzige und streitlustige Nuancen und das selbstbewusste ! sind verschwunden und schaffen den Raum für einen trockeneren, kontrollierten Ton, der für zwei Menschen, die fast ein Jahrzehnt aufeinander gewartet haben, unwahrscheinlich ist. Rhetorische Lebendigkeit ist der grammatikalischen Axt zum Opfer gefallen, echte chaotische Gefühle nüchterner Höflichkeit. Und doch ist die Wahrheit noch komplizierter.

Die Austen-Expertin Kathryn Sutherland geht davon aus, dass es sich bei den beiden unvollendeten Kapiteln von *Persuasion* um Auszüge aus einer beinahe fertigen Fassung handelt, die Austen ihrem Verleger John Murray geschickt hatte, und dass der Dichter und Literaturkritiker William Gifford *Persuasion* später für den Druck überarbeitete, wie er es wahrscheinlich auch mit anderen ihrer Werke getan hatte. Drei Jahre zuvor hatte Murray Gifford bereits um Rat gefragt, ob er Austen in seine Autorenliste aufnehmen solle, und dieser hatte den bereits veröffentlichten Roman *Stolz und Vorurteil* gutgeheißen (»Er ist sehr gut«, meinte er, nur sei er »so interpunktiert, dass man ihn nicht versteht«).

Gifford las also die Manuskriptfassung von *Emma* und versprach, sie »sogleich zu korrigieren«, wobei er hoffte, »ihr hier & da Gutes zu tun«. Es scheint, als hätte Gifford hauptsächlich auf die Interpunktion geachtet. Er hatte eindeutig die Absicht, dem Text zu dienen, statt ihm seinen eigenen Stempel aufzudrücken. Da es keine Belege dafür gibt, dass Austen auch nur eine Seite der Druckfahnen oder zumindest des Manuskripts korrigiert hat, wissen wir nicht, inwieweit sie an den verschiedenen Entwicklungsstufen beteiligt war, die ein Text auf seinem Weg vom Loseblattkokon zum Buchschmetterling durchläuft. Hat sie die redaktionellen Eingriffe nur widerwillig hingenommen? Oder hat sie diese erwartet und womöglich als Wertschätzung ihrer Arbeit sogar begrüßt?

Sutherland bezeichnet den Übergang vom Manuskript zum Buch als den »Sozialisierungsprozess des Druckens«, da es sich hierbei um eine kollektive Anstrengung handelt: Um ein Buch herauszubringen, benötigt man ein ganzes Dorf; ein Buch braucht eine ganze Bande von Unterstützern, die es auf seinem Weg begleiten, vom Lektor und Schriftsetzer bis zum Korrektor und Verleger. Doch diese Aufteilung der literaturbezogenen Handlungen und damit der Kontrolle über den Text bedeutet auch, ihn gesellschaftsfähig zu machen, seine verwegene, ausufernde Wildheit zu zähmen.

Dieser »Eingriff« in die heutzutage so hoch gehandelte Sprache und Merkmale der Autoren war kein Problem für sie: Wir Spätgeborenen machen es zu unserem Problem, weil wir die »echte«, von allen Einmischungen männlicher Aufschneider befreite Austen haben wollen. Ist es in Ordnung, wenn die Grande Dame ihren anmutig-dezenten Stil einer weniger genialen, womöglich gar handwerklichen Hilfe verdankt? Müssen wir unsere Autorin aus den Händen böswilliger Lektoren befreien? Vielleicht ja, vielleicht nein. Der Zugang zu den (heute digitalisierten) Manuskripten ist entscheidend, um sie mit den gedruckten Versionen vergleichen zu können und die allgemein noch nicht anerkannte Wahrheit zu vertreten, dass sogar die begnadetsten Köpfe im Besitz eines guten Manuskriptes nichts dringender brauchen als einen Lektor.

Statt ein Buch nach den Zahlen zu beurteilen, die ein Algorithmus über es ausspuckt, sollten wir womöglich darüber nachdenken, was es eigentlich erreichen wollte, und ob ihm dies gelungen ist. Ben Blatts Diagramme haben zu diesem Ziel und seiner Zeichensetzung ebenso wenig zu sagen wie zu Austens amalgamierten, gemeinsam mit anderen geschaffenen Mischwerken. Diese Aspekte sind im Grunde nicht messbar. Wenn wir alte Bücher lesen (oder eigentlich jedwede Art von Büchern), müssen wir uns bewusst sein, wie sie zu diesen echten, anfassbaren Objekten geworden sind, die wir in unseren Händen halten, und welche Absichten wir verfolgen, wenn wir sie auf eine bestimmte Art und Weise betrachten.

– !!! –

Ben Blatt ist allerdings nicht der Einzige, der den Einfluss des Lektorats auf die Interpunktion vernachlässigt: Sogar Literaturkritiker Coleridge, so detailbewusst er auch war, bot eine interessante, wenngleich faktisch falsche Interpretation einer subtilen Passage aus Robinson Crusoe in seinen privaten Annotationen des Textes an. Der unglückliche Abenteurer kehrt auf das Schiffswrack zurück, um alles mitzunehmen, was sich auf einer tropischen Insel als nützlich erweisen könnte. Neben so wichtigen Dingen wie Gabeln und Messern findet Robinson auch einige Münzen und beginnt eine Predigt, die niemand außer ihm hören kann, über den »schnöden Mammon«, der in seiner Situation nutzlos sei. »Nach reiflicherer Überlegung jedoch«, lässt er uns wissen, »nahm ich die Geldstücke an mich; und nachdem ich sie in ein Stück Segeltuch eingewickelt hatte, wollte ich ein weiteres Floß bauen.« Die Härte der Umstände Crusoes trifft auf eine automatische Rückkehr zu alten Gewohnheiten, eine Reibung, die sich durch den ganzen Roman zieht.

Coleridge gerät über Defoes geniale Interpunktion ins Schwärmen: »Eines Shakespeares ebenbürtig; und doch ist das folgende einfache Semikolon, die unmittelbare Fortsetzung ohne das geringste Innehalten eines reflektierten Bewusstseins exquisiter und meisterhafter als die Eingebung selbst.« Defoe ist subtil, glaubt Coleridge, und fügt an, »schlechtere Schriftsteller [...] hätten ein ›!‹ nach ›mich‹ gesetzt und einen neuen Absatz begonnen.« Doch dies wäre ein allzu offensichtlicher Kommentar zur Ironie gewesen, die Crusoes sich widersprechenden Handlungen innewohnt.

Auch abgesehen von seiner unfairen Spitze gegen ! ist Coleridges Kommentar fehlgeleitet: Das Semikolon stammt nicht von Defoe selbst, es tauchte erstmals in der Ausgabe von 1812 auf, die Coleridge benutzte, also fast einhundert Jahre nach der Erstausgabe des Buches. Ursprünglich befand sich an seiner Stelle ein Komma, das eine weniger bemerkenswerte Halbpause suggerierte. Macht diese Wahrheit Coleridges Beobachtung weniger wertvoll oder aufschlussreich? Nein. Doch sie eröffnet Fragen, die sich darum drehen, wie wir literarische Qualität zuschreiben oder verweigern.

– !!! –

In ihrem mit dem Pulitzerpreis ausgezeichneten Stück *W;t* (ja, es wird absichtlich mit Semikolon geschrieben und heißt in deutscher Fassung: *Geist*) untersucht Margaret Edson die Ernsthaftigkeit eines penibel aufgearbeiteten Textursprungs und die Absurdität dessen angesichts unserer alles verzehrenden Lebenswirklichkeit. *W;t* handelt von den letzten Wochen im Leben von Dr. Vivian Bearing, einer Frau im besten Alter, die sich einer hochintensiven Chemotherapie gegen Eierstockkrebs im fortgeschrittenen Stadium unterzieht. Krankenhausszenen, die Vivian auf ihren nackten und verletzlichen Körper reduzieren, wechseln mit Rückblenden auf ihre Zeit als Studentin der englischen Literatur ab, als sie den Esprit von Dichtern des 17. Jahrhunderts entdeckte. Sie erinnert sich an ein Erlebnis mit ihrer Lieblingsprofessorin E.M., die sie als vielversprechende Studentin vor den Kopf stieß, indem sie eine vermeintlich falsche Ausgabe von John Donnes Gedichten benutzte. Die Arbeit, die Vivian schrieb, hielt E.M. für »melodramatisch, mit einer Tünche aus Gelehrsamkeit«.

Donne hatte nie die Absicht, seine Gedichte drucken zu lassen. Er verfasste sie für einen auserlesenen Kreis privater

Leser, die sie wie seltene Schätze von Hand abschrieben. Wir besitzen mehrere Manuskripte, die den Originalen in unterschiedlichen Maßen nahekommen, sowie eine Druckausgabe, die 1633, zwei Jahre nach Donnes Tod, erschienen war. Während also Vivian eine moderne Ausgabe verwendete, behauptete ihre Professorin, die einzige verlässliche, weil wissenschaftlich geprüfte Ausgabe sei jene von Helen Gardner, die sich wiederum auf das Westmoreland-Manuskript von 1610 stützt. Auch hier sind die Details entscheidend: Vivians Professorin wurde von der Wissenschaftlerin ausgebildet, die sie zitiert.

Das Stück, das Vivian analysierte, gehört zu den *Heiligen Sonetten*, einer Gedichtsammlung über die Beziehung des Einzelnen zu Gott, die sich durch intensive romantische oder sexuelle Liebe, Angst, Zweifel, Vertrauen und Hoffnung auf Erlösung nach dem Tod auszeichnet. Die Sonette bringen einen Geist zum Vorschein, der mit überwältigenden Gefühlen, theologischen Rätseln und der Kluft zwischen dem Wissen von diesem Leben und dem Nichtwissen des anderen kämpft. Der Tod, so behauptet das lyrische Ich, wird mit unserer endgültigen christlichen Auferstehung selbst sterben. »In der Ausgabe, die Sie benutzt haben«, tadelt Vivians Professorin, »wird dieser zutiefst einfache Sinn hysterischer Zeichensetzung geopfert.«

> Und Tod wird nicht mehr sein – *Semikolon!* Tod – *Komma* – stirb – *Imperativ!* – hernach – *Ausrufezeichen!*

Das Semikolon ist für die Professorin zu preziös, das Ausrufezeichen zu knallig und triumphal. In ironischem Ton macht sie sich über Vivian lustig: »Wenn Sie so etwas anspricht, sollten Sie sich besser mit Shakespeare beschäftigen.« Ihr zufolge liest sich der Text, an den sich Vivian hätte halten sollen, auf unaufdringlichere Weise: »Und Tod wird nicht mehr sein, *Komma*, Tod stirbt hernach.«

Sie fährt fort:

> Nichts als ein Atemzug – ein Komma – trennt das Leben vom ewigen Leben. Das ist eigentlich ganz einfach. Nach Wiederherstellung der ursprünglichen Zeichensetzung ist der Tod nichts mehr, was sich auf einer Bühne darstellen ließe, mit Ausrufezeichen. Er ist ein Komma, eine Pause. [...] Leben, Tod, Seele, Gott. Vergangenheit, Gegenwart. Keine unüberwindlichen Schranken, kein Semikolon, nur ein Komma.

Von ihrer Professorin ganz verunsichert, verspricht Vivian, zurück in die Bibliothek zu gehen und ihren Aufsatz unter Verwendung der »richtigen« Ausgabe umzuschreiben. Doch auch dies hält ihre Dozentin für falsch. Zwar sei es wichtig, präzise zu arbeiten, erläutert sie, doch gehe es in diesem Gedicht – wie in allen Gedichten Donnes und tatsächlich im Leben – um Erfahrung. Statt auf den dunklen Fluren der Bibliothek solle Vivian mit ihren Freunden im Gras sitzen und den Sonnenschein genießen, wie es der Dichter wohl auch getan hätte.

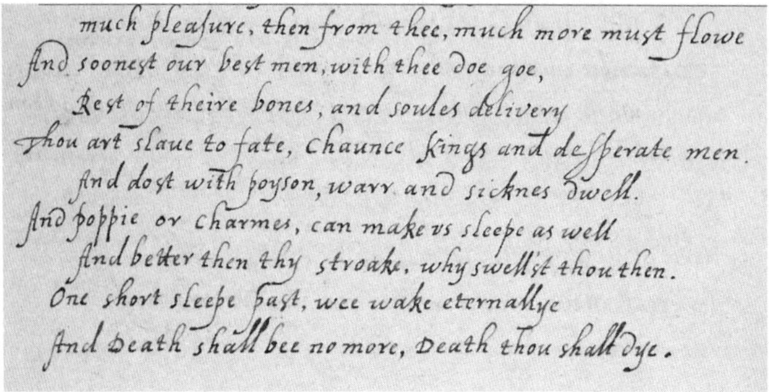
much pleasure, then from thee, much more must flowe
And soonest our best men, with thee doe goe,
Rest of theire bones, and soules delivery
Thou art slaue to fate, Chaunce kings and desperate men.
And dost with poyson, warr and sicknes dwell.
And poppie or charmes, can make vs sleepe as well
And better then thy stroake, why swell'st thou then.
One short sleepe past, wee wake eternallye
And Death shall bee no more, Death thou shalt dye.

Das Egerton-Manuskript der *Heiligen Sonette* mit großem D sowohl für den ersten als auch zweiten Tod (Death).

Donnes Werk strotzt regelrecht von intensiven Gefühlen, Gedanken und Erfahrungen, und sein Leben als Abkömmling einer katholischen Familie in einem protestantischen Land, der die Nichte seines Arbeitgebers heiratete, war von vielen Entbehrungen geprägt. Sein adeliger Schwiegervater, außer sich über die geheime Hochzeit seiner Tochter mit einem unbedeutenden Sekretär, zerstörte Donnes Karriere, indem er dafür sorgte, dass dieser über ein Jahrzehnt keine Anstellung erhielt, und brachte so die junge Familie in große Not. Trotz dieser Umstände gelang es Donne, einige der üppigsten Gedichte der englischen Sprache zu schreiben, aufrüttelnd, dicht und sinnlich, ob sie nun von sexueller Ekstase handelten oder knifflige theologische Fragen erörterten.

Vivian verweigert sich dem Rat ihrer Lehrerin, es Donne gleichzutun und ihr Leben zu leben. Stattdessen widmet sie es allein der Forschung. Sie leistet Großartiges in der akademischen Welt, endet jedoch im Krankenhaus, ohne Freunde oder Familie, die sie während ihrer Krankheit trösten könnten. Während sich ihre Gesundheit immer weiter verschlechtert, wird sie für die Ärzte selbst zum Forschungsobjekt und für das Publikum zum Spektakel. In ihren letzten, dramatischen Augenblicken, während die Ärzte wild entschlossen versuchen, sie wiederzubeleben, um sie als Objekt wissenschaftlicher Studien zu erhalten, reduziert ein brüllender Mediziner-Chor aus Großbuchstaben und vielen Ausrufezeichen ihre letzten Entscheidungen auf diesen oder jenen Notfall-Code. Doch die Patientin hat eine Fürsprecherin: »Sie ist KEIN CODE!«, ruft Vivians Pflegerin, die einzige Person, die sich um eine persönliche Beziehung zu ihr bemüht. Entsetzt beobachtet sie, wie die Ärzte Vivians sterbenden und schließlich toten Körper misshandeln.

Für diejenigen unter uns, die dem Glauben in ihrem Leben nicht so viel Platz einräumen wie Donne, ist ein Komma vielleicht weniger angemessen für den Tod als ein !, das die ganze erschreckende Endgültigkeit des Todes in sich trägt.

– !!! –

Wäre das Ausrufezeichen zu Donnes Lebzeiten gebräuchlicher gewesen, hätten er und seine Freunde es in ihren Dichtungen und den Kopien seiner Gedichte vielleicht auch verwendet. Doch wie gehen wir mit Texten um, die sogar noch vor der Renaissance entstanden sind, die aus einer Zeit stammen, in der sich schon allein deshalb niemand darüber Gedanken gemacht hat, ob man ein Ausrufezeichen oder ein Semikolon benutzt, weil diese noch gar nicht erfunden waren? Wie gehen wir mit einem tausend Jahre alten literarischen Meisterwerk wie *Beowulf* um?

Beowulf ist ein mittelalterliches Langgedicht über einen Helden, Beowulf, und seine drei großen monströsen Kämpfe: zuerst gegen eine mörderische, verwirrende, halbmenschliche Kreatur namens Grendel, dann gegen Grendels Mutter, die den Tod ihres Sohnes rächen will, und schließlich, am Ende von Beowulfs Leben, gegen einen riesigen feuerspeienden Drachen, der auf einem Goldschatz kauert (richtig, es handelt sich um Tolkiens Lieblingsgedicht). *Beowulf* wurde auf Altenglisch geschrieben, der frühen germanischen Version des Englischen mit skandinavischen Einflüssen, die gesprochen wurde, bevor mit der normannischen Invasion von 1066 französische und lateinische Wörter und Satzstrukturen übernommen wurden. Das anonyme Gedicht ist in einer einzigen Handschrift überliefert, die zwei Schreiber im 10. oder 11. Jahrhundert erstellt haben, bei denen es sich womöglich um seine Autoren handeln könnte.

Wir wissen nicht, ob *Beowulf* die Niederschrift eines mündlich vorgetragenen und weiterverbreiteten Gedichts ist oder ob es von Anfang an als schriftliches Dokument verfasst wurde, das absichtlich wie ein mündlicher Vortrag klingt. Was wir jedoch wissen, ist, dass das Manuskript seit seiner Entstehung vor einem Jahrtausend schrecklich gelitten hat. Es ist in der Tat ein Wunder, dass es überhaupt noch existiert: Nachdem sein Wert im 16. Jahrhundert von führenden Gelehrten erkannt worden war, verblieb das Buch im Besitz von Sir Robert Cotton, dessen riesige Büchersammlung den Grundstock der British Library bildete. Leider wurden Teile seines Besitzes im Jahr 1731 vernichtet, und auch das Manuskript des *Beowulf* wurde beschädigt. Mit seinen versengten Seitenrändern und brüchigem Pergamentpapier ist *Beowulf* ein empfindliches und einzigartiges Zeugnis des aufblühenden kulturellen Lebens im angelsächsischen England.

Während des 19. Jahrhunderts begannen Wissenschaftler, sich mehr für die Ursprünge der heimischen Literatur zu interessieren (im Gegensatz zur Klassik). Sie erforschten und publizierten Volksmärchen wie die Sammlung der Gebrüder Grimm. Auch *Beowulf* wurde der akademischen Welt (und auch dem einen oder anderen Bücherliebhaber) zugänglich, was einen stetigen Strom wissenschaftlicher Ausgaben des altenglischen Texts und seiner Übersetzungen ins moderne Englisch nach sich zog. Wie geht man mit einem Text um, der, fremd und doch seltsam vertraut,

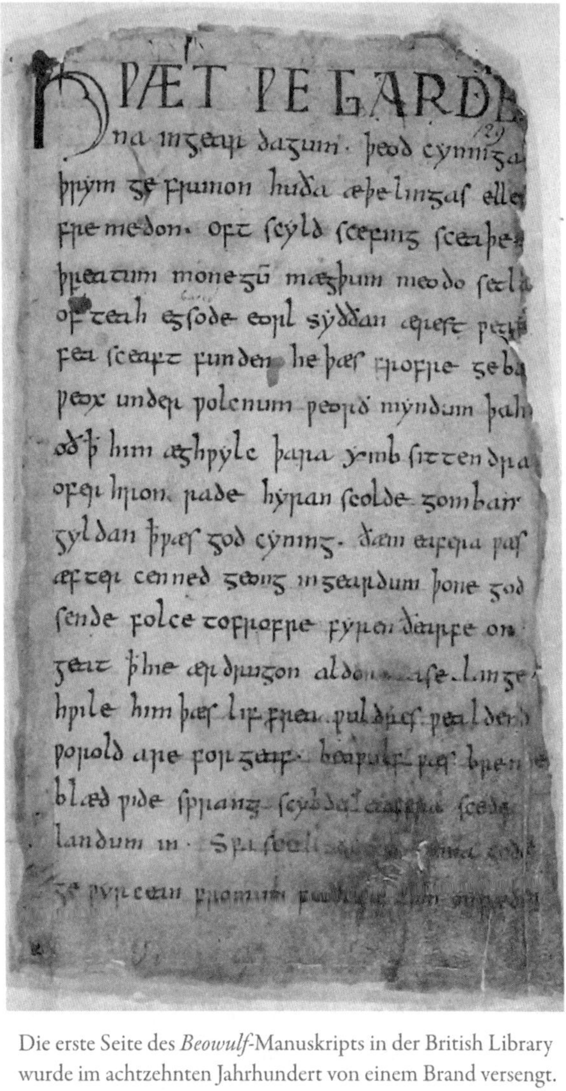

Die erste Seite des *Beowulf*-Manuskripts in der British Library wurde im achtzehnten Jahrhundert von einem Brand versengt.

nicht aus einer anderen Sprache übersetzt, sondern lediglich in einer älteren Version ein und derselben Sprache verfasst wurde? Was machen wir mit seiner Interpunktion? Ist es legitim, ein Gedicht mit Satzzeichen zu versehen, die es zum Zeitpunkt seines Entstehens noch nicht gab?

Eric Weiskott, ein Experte für angelsächsische Literatur, spricht sich dagegen aus. Er greift ein besonders heikles Beispiel heraus, die (für ihn unerlaubte) Einfügung von ! in mehrere Textvarianten des *Beowulf*, und plädiert leidenschaftlich für eine bereinigte Ausgabe, die so wenige Punktationskrücken wie möglich enthalten soll. In seinem Artikel im Journal of English and Germanic Philology aus dem Jahr 2012, »Making *Beowulf* Scream« (»*Beowulf* zum Schreien bringen«) stellt er eine Vorliebe für unzählige ! in den Ausgaben des späten 18. Jahrhunderts fest und kontrastiert diese mit einem starken Rückgang gegen Ende des 20. Jahrhunderts. Frederick Klaebers einflussreiche Ausgabe von 1922 ergänzt die altenglischen Wörter mit 56 Ausrufezeichen, während Bruce Mitchells bahnbrechende Ausgabe von 1998 mit nur noch 7 auskommt. Schon 1914, so Weiskott, machten sich Experten wie A.J. Wyatt für die Entfernung nicht authentischer Einfügungen stark – »unserer modernen aufschneiderischen Zeichen des Ausrufs«, wie Wyatt sie verunglimpfte. Mit dem für ihn typischen spöttischen Ton schloss Wyatt: Wenn »der Verstand oder die Gefühle des Lesers ihm nicht sagen, wo er sich ausrufend zu fühlen hat, muss er mit den Konsequenzen leben«.

Doch so einfach ist es nicht, da das Gedicht selbst sein Bestes gibt, uns in ein ständiges Rätselraten über Motive und Metaphern zu verwickeln. Auch wenn es zutreffen mag, dass Semikolons und Klammern subtile, für den Schreibstil von vor tausend Jahren möglicherweise zu subtile Pausen vorgeben, ist Weiskott dem armen Ausrufezeichen gegenüber doch ein wenig zu streng, wenn er es »erregbar«, »kreischig« und »hektisch«, eine »rein theatralische Verzierung« nennt. Mit einem provokanten Seitenhieb auf das !!!-freudige Internetzeitalter urteilt Weiskott: »Das Ausrufezeichen ist das typografische Äquivalent zu Junk-Food: nie angemessen, immer eine Versuchung.« Es stille unseren Hunger, mache aber nicht wirklich satt und sei schlecht für die (geistige) Gesundheit. Das ! sei überflüssig, argumentiert er. Es sei schmutzig und hässlich und habe mit unserem erhabenen und stattlichen *Beowulf* nichts zu tun.

Aber *Beowulf* war bereits vertrackt und voller Lücken, bevor die Buchwürmer und das Feuer des Bibliotheksbrands sich durch seine Seiten fraßen. Die Schreiber haben an mehreren Stellen Buchstaben ausradiert und verändert, lose Erzählstränge baumeln von den imaginierten Rändern des Gedichts, und die ganze Geschichte handelt von einer heidnischen Gesellschaft, die sich seltsamerweise an die Regeln christlicher Ethik hält. Sie erzählt von einer Mutter, die den Verstand verliert und sich als schreckliche Gegnerin eines schneidigen jungen Kriegers entpuppt.

Reichlich Drama für eine Geschichte, die angeblich keine expressive Interpunktion benötigt.

Weiskott schlägt vor, wir sollten ! hinter uns lassen und zu den wenigen Großbuchstaben, den gelegentlichen Punkten und den (zum Glück existierenden) Leerzeichen des Originals zurückkehren. Studierende mögen sich über seine Seiten beugen und die Sätze so verstehen, dass sie Sinn ergeben. Solange es hierfür »nachprüfbare syntaktische Daten« gebe, solle der Lektor lediglich ein diskretes Interpunktionszeichen setzen.

Doch was ist mit den Gefühlen? Und wann ist ein Gefühl überhaupt nachprüfbar und (wenn wir so sagen dürfen) legitim? Es scheint, dass das Ausrufezeichen, sofern es sich in der *Terra incognita* von Interpretation, Emotion, des Femininen und Unkontrollierbaren bewegt, einige Wissenschaftler nervös macht. Ganz und gar nicht das, was *Beowulf*, dieses Gedicht-Helden-Traditions-Artefakt zu sein scheint. Oder etwa doch? Wie wäre es mit folgender Version?

Bruder! Sag bloß, wir wüssten noch, wie
man von Königen spricht! In alten Zeiten
wusste ein jeder, was Männer waren:
mutig, kühn, auf Ruhm aus.
Heute nichts als Geschichten, doch werde
ich das Lied der Speer-Dänen anstimmen,
aufbewahrt für Hungerzeiten.

Die moderne englische Version der amerikanischen Schriftstellerin Maria Dahvana Headley, die 2020 erschienen ist, zerstört alle Vorstellungen, wonach *Beowulf* langweilig und irrelevant sei. Ausgesprochen urban, überdreht und obszön (die Helden werden »vom Schicksal gefickt«), mit großzügiger Verwendung von World-Wide-Web-Jargon (»hashtag-gesegnet«) überträgt Headley die mittelalterliche Geschichte auf brillante Weise in unsere globalisierte, von Social Media durchdrungene Gegenwart. Wie im Götaland des dunklen Zeitalters, behauptet sie in der Einleitung, treffen auch heute noch größenwahnsinnige Männer dumme Entscheidungen, die uns alle betreffen. Headley versteht Beowulf als etwas, das »man über die Köpfe betrunkener Feierwütiger hinweg brüllen sollte«. Seine innere Klanglandschaft gleicht einem »überwältigenden, wütenden, witzigen, bösartigen, verzweifelten, hungrigen, schönen, aufrührerischen, beseelten, übernatürlichen, verzückten Schrei«.

Und welches Satzzeichen könnte alle diese sich widerstreitenden, widersprüchlichen Eindrücke besser einfangen als ein Ausrufezeichen. Als Meisterin ihres Faches weiß Headley, es gekonnt einzusetzen: Das Ende des Gedichts fällt mit dem Lebensende jenes Mannes zusammen, dem es seinen Namen verdankt. Er kämpft allein gegen einen Feuer speienden Drachen. Als der Held stirbt, feiern ihn seine Gefolgsleute wie folgt:

Sie erinnerten die rechten Worte. Unser König!
Einsamer Ringträger! Erbe von allem!
Er war unser Mann, aber jeder Mann stirbt.
Hier liegt er nun! Hier ruht unser Bester!
Er hat alles gegeben! Er blieb durstig! Er war zur Stelle!
Er war zur Stelle.

Die acht auf sechs Zeilen verteilten Ausrufezeichen schlagen einen feierlichen, weihevollen Ton an, der eines großen Kriegers würdig ist. Nur in der allerletzten Zeile wird das nach oben weisende ! zurechtgestutzt. Wir verneigen unsere Interpunktionsköpfe vor dem Helden. Staub wird zu Staub.

– !!! –

Lektorieren und Schreiben sind beides Tätigkeiten, die auf Vertrauen beruhen. Doch die kleinen Dinge, die diese Tätigkeiten orchestrieren, sind anfälliger als andere Elemente. Sie leiden unter zu großen Veränderungen oder umgekehrt unter zu kleinen. Einige Autorinnen und Autoren verstehen ihre Kommata und Doppelpunkte als derart wichtige Bestandteile ihrer Werke, dass sie auf Tricks und Strategien zurückgreifen, um jeder editorischen Einmischung vorzubeugen. Weil ihre Verleger andauernd ihre Zeichensetzung veränderten, versah die amerikanische Schriftstellerin und Lehrerin Muriel Rukeyser ihre Manuskripte vor

Druckfreigabe angeblich mit Anweisungen in roter Tinte und drückte so den einzelnen Seiten ihre mahnende Präsenz auf: »BITTE HABEN SIE VERTRAUEN IN DIE INTERPUNKTION«. Rukeyser war eine jüdisch-feministische Kämpferin für soziale Gerechtigkeit, die unbeirrt an ihrer Überzeugung festhielt, die Lyrik sei das Herzstück der Demokratie, während ihr Heimatland, die Vereinigten Staaten, jedoch Angst vor Lyrik und damit vor Gefühlen habe. Diese Angst aber führe zu einer Abwertung von Kultur, die schließlich in die ultimative Verneinung von Kultur münden müsse: Krieg.

Man kann sich vorstellen, dass Rukeyser begeistert gewesen wäre, hätte sie miterlebt, welchen hohen Stellenwert der Lyrik bei der Amtseinführung des 46. Präsidenten der Vereinigten Staaten eingeräumt wurde. Amanda Gorman, eine junge Schwarze Dichterin und Aktivistin, beherrschte mit ihrem Gedicht über Amerikas gespaltene Gegenwart und bevorstehende Verpflichtung zur Heilung weltweit die Schlagzeilen. In ihrem 1949 erschienenen Essay »The Life of Poetry« vertritt Rukeyser die Ansicht, die Interpunktion sei »dosierte Ruhe. Raum auf der Seite. Die Wahrnehmung von Mustern durch das Auge.« Sie habe eine strukturierende Funktion, sie messe die Zeit und lenke die Aufmerksamkeit. Interpunktion sei aber auch, so Rukeyser, »biologisch«. Sie sei das »physische Zeichen des Körpers – der Rhythmus, den der Leser anerkennen muss«.

Die Wahrheit eines Gedichts ist seine Form und sein Inhalt, seine Musik und seine Bedeutung sind eins.

– Muriel Rukeyser –

Satzzeichen sind wie Stimmbänder; sie führen unsere Blicke, die von Komma zu Komma springen, sie lenken die Aufmerksamkeit auf die doppelten Halbmonde einer Klammer. Interpunktion ist das Heben und Senken des Bauches beim Ein- und Ausatmen. Interpunktion ist der Herzschlag, die Koordination der Gliedmaßen, die Koordination des Bewusstseins.

Oh!

Ah!

Atmen. Seufzen. Ausrufen.

– !!! –

Die Gedichte Gerald Manley Hopkins' sind wie belebt von Wogen, Vibrationen und kraftvollen Bewegungen. Die einzige Möglichkeit, die schiere Freude über die schwindelerregende Schönheit der Natur auszudrücken, ist der Atem, den dieser Springteufel von ! in uns auslöst.

Hopkins' Gedicht »The Windhover« (»Der Turmfalke«) stellt sich einen Raubvogel vor, der in der Luft segelt, der scheinbar an nichts gebunden ist, dann aber, perfekt in sich ruhend, ausschert und herabschießt.

Dieses Gedicht aus dem Jahr 1877 ist seltsam. Hopkins selbst hat das auch gedacht, wie er in einem Brief an seinen engsten Freund zugibt: »Zweifellos strebt mein Gedicht in eine seltsame Richtung.« Hopkins hatte sich im Latein- und Griechisch-Studium in Oxford hervorgetan (sein Spitzname war »der Star von Balliol«), er konvertierte zum Katholizismus und schuf als Jesuitenpriester ein opulentes dichterisches Werk. Hopkins, der scheinbar unvereinbaren Tätigkeiten nachging, muss auch sich selbst als »seltsam« empfunden haben. Ein Priester mit homoerotischen Neigungen, die er in seinen privaten Schriften verbarg, in einem England, das Oscar Wilde für seine sexuelle Orientierung öffentlich bestrafte. Womöglich, um seinen Gefühlen des Getrenntseins eine Richtung zu geben, fand Hopkins Trost und Freude in der Beobachtung der Natur, Gottes herrlicher Schöpfung, ihrer vibrierenden, sinnlichen Wirklichkeit. Da er die Instrumente der spätviktorianischen Lyrik für seine Zwecke ungeeignet fand, entwickelte er den von ihm so genannten »federnden Rhythmus«, eine unverwechselbare Art, seine Worte zu betonen und zu organisieren (die Akzente über den Vokalen sind von ihm). Er war ein Handwerker-Dichter, der seine Lyrik immer wieder bearbeitete und den klanglichen und visuellen Details besondere Aufmerksamkeit schenkte, die er durch eigene Sonderzeichen verhandelte.

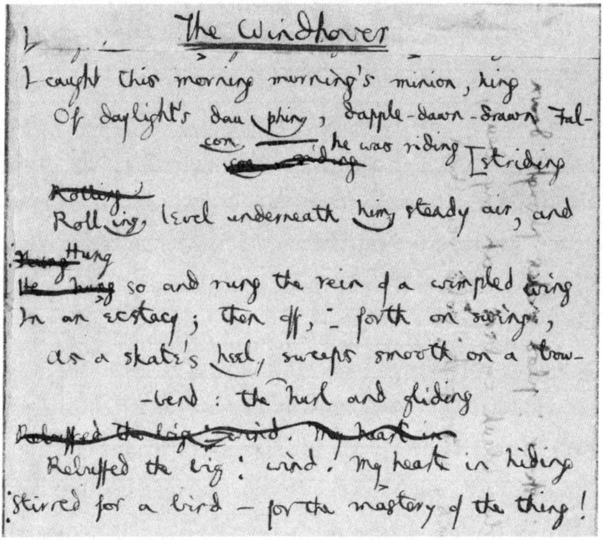
The Windhover
I caught this morning morning's minion, king
Of daylight's dauphin, dapple-dawn-drawn Fal-
con, he was riding [striding
Rolling level underneath him steady air, and
Hung
so and rung the rein of a wimpled wing
In an ecstacy; then off, – forth on swing,
As a skate's heel, sweeps smooth on a bow-
-bend: the hurl and gliding
Rebuffed the big: wind! My heart in hiding
Stirred for a bird – for the mastery of the thing!

»The Windhover« (»Der Turmfalke«),
handschriftliche Fassung aus dem Frühsommer 1877. Man beachte die Akzente über einigen Vokalen sowie das Ausrufezeichen in der vorletzten Zeile (nach »wind«), das später verschwinden sollte.

Ausrufezeichen wandern in Hopkins' Gedichte hinein und heraus. Sie lassen ein Wort von der Seite springen, versammeln sich hinter inhaltsfreien menschlichen Geräuschen, Seufzern und Verwunderungen. Als ob sie von einer außerweltlichen Macht dazu gezwungen würden, sich auszudrücken, werden die Zeilen oft gewaltsam von »oh!« unterbrochen, wie etwa in einem Gedicht, das dem

Barockkomponisten Henry Purcell huldigt: »Lasst ihn oh! mit seinen engelsgleichen Melodien.«

Der Literaturwissenschaftler Peter Milward hat versucht, die Situationen zu unterscheiden, in denen »o«, »oh« und »ah« in Hopkins' Werk vorkommen. Gibt es Unterschiede zwischen »ah« und »o(h)«? »Ah« klingt Milward zufolge »scharf, intensiv«, »oh« sei »eindeutig entspannter«, »mit weniger geschürzten Lippen und stärkerem Ausatmen«. Und obwohl Milward einräumt, dass Hopkins' Gebrauch dieses oder jenes Vokals eher »unvorhersehbar« als systematisch ist, gerät die ursprüngliche Fragestellung allmählich in den Hintergrund, wenn der Wissenschaftler selbst von der Macht eines geseufzten Ausrufs mitgerissen wird. Mitten in einer Gedichtinterpretation bricht er aus seiner akademischen Haltung aus und ruft: »Das ist insgesamt bewundernswert!« Der Dichter staunt über die Schöpfung, und wir staunen über den Dichter, weil er staunt. Das wortlose Ausatmen scheint für Hopkins wohl die beste Art zu sein, um Gottes Wunderwerke zu preisen. Heute würden wir vielleicht eher sagen: »Wow!«

– !!! –

Gerard Manley Hopkins starb im Alter von 44 Jahren an Typhus. Er hinterließ das Vermächtnis eines Menschen, der intensiv der Schönheit des Lebens nachspürte und immer auf der Suche nach den wahrhaftigsten Worten und der unmittelbarsten Zeichensetzung war. Eine Generation nach ihm beackerte ein anderer Dichter jenseits des Atlantiks die Sprache, riss ihre Grenzen nieder, wirbelte ihre Inhalte durcheinander und flickte diese Fragmente wieder zusammen. Edward Estlin Cummings, besser bekannt als e e cummings, verwandelte Bekanntes in Unbekanntes, indem er Wörter in ihre Bestandteile zerlegte, mal diesen einen Buchstaben liebevoll an jenes Satzzeichen heftete, mal ungleiche Sparringspartner so zusammenschob, dass sich die Leser fragten, wie sie das Gedicht, wenn überhaupt möglich, aussprechen können.

(fea
therr
ain

:dreamin
g field o
ver forest &;

wh
o could
be

so
!if!
te

r?n
oo
ne)

Wovon spricht wohl dieses Gedicht?

Würde man ihm gerecht, wenn man es ausbuchstabierte? Wenn man die heilige Verbindung zwischen »feather« (Feder) und »rain« (Regen) entmystifizierte? Es ist so viel »therr« auf der leeren Seite, die Form an sich, ein Tropfen, länglich, schlank, mit zarten Konturen, an denen das Auge entlanggleitet, sicher gehalten von den Klammern an Anfang und Ende, plötzlich mit dem strengen Ausrufezeichen in seine konstituierenden Laute explodierend: doppelte **!!** detonieren die plosive Kraft des »f« auf den Lippen, sobald es allein steht, ohne seine besänftigenden Nachbarn. Wie etwas so Zartes mühelos in etwas weniger Zartes verwandelt werden und dann wieder in flüchtiger Befragung versinken kann – who could be softer? No one? Noon? (Wer könnte zarter sein? Niemand? Der Mittag?) Die tiefempfundene visuelle Landschaft von cummings kleinen, wie Edelsteine geschliffenen Gedichten erforscht und ergreift alle Möglichkeiten der Zeichensetzung, um Verbindungen herzustellen und zu trennen, um schön zu machen oder zu befremden oder beides, denn das eine geschieht durch das andere.

So ärgerlich und beängstigend die Zuschreibungen wirken mögen, die uns Grammatikbücher aufzuzwingen versuchen, das ! präsentiert sich in freier Wildbahn anders: Es zeigt eine Welt aus Worten und Geschichten, die liebend gerne schreien, schluchzen, stöhnen, heulen, brüllen und auch fühlen. Im Zweifel sollte man immer der Zeichensetzung vertrauen. Auf den feuerroten Schal ist immer Verlass.

VIERTES KAPITEL

Hey!!!
Punkten mit Interpunktion

Es ist struppig. Es ist gelb. Und es ist so groß wie Du.
Was ist es?

Es ist kein Witz, sondern ein 150.000 Dollar teures Kunstwerk. An seinem Fuß befindet sich ein großer runder Ball, leicht abgeflacht, ein wenig überdimensioniert im Vergleich zu der langen zylindrischen Träne, die direkt über seinem Mittelpunkt schwebend von der Decke hängt. Die Oberfläche des Dings sieht flauschig aus, an seinen Rändern scheint es sich in der Luft aufzulösen. Es lässt einen zwinkern, als sei man kurzsichtig. Andauernd muss man den Blick fokussieren und erneut fokussieren. Am auffälligsten ist seine Farbe, ein aufdringlich grelles Gelb, ein explodierter Tennisball, ein Neon-Rauchzeichen, das signalisiert: »Hier brennt es!« Hier ist Leben.

Es ist ein Ausrufezeichen.

Es ist Kunst.

Chartreuse, so lautet sein Titel. Ein Enkelkind der späten ABBA-Glam-Früher-Punk-Ära der 1980er-Jahre, als sein Schöpfer von Interpunktionszeichen besessen war. Diese aus gummiertem Pferdehaar und gelber Farbe hergestellte Skulptur aus dem Jahr 2008 stammt von Richard Artschwager, einem amerikanischen Künstler und Möbeldesigner. Artschwager war zweifellos ein Mann seiner Zeit. Er schuf Kunstwerke, die aus einem einzigen Objekt bestanden, aus Alltagsgegenständen wie einer Couch oder einem Tisch, die oft aus synthetischen Materialien hergestellt wurden, wie etwa Formica, das Material der 1960er-Jahre schlechthin. Wie seine Zeitgenossen Warhol und Lichtenstein war Artschwager Pop-Art-Künstler, der das Wesen der Kunst zu hinterfragen versuchte, indem er die Grenzen zwischen musealem und privatem Raum sprengte.

Artschwager hinterfragte nicht nur theoretische, sondern auch physikalische Grenzen, und überwand so die Kluft zwischen Museum und Stadt. Er klebte weiße, handtellergroße Streifen, die er Blps (ausgesprochen »blips«) nannte, an Hauswände, Lieferwagen, Fabrikschornsteine oder Schaufenster. Diese pastillenförmigen Etiketten (die er nicht ohne Selbstironie als »Längsschnitt einer Knackwurst« bezeichnete) verwandelten die so tätowierten Objekte schlagartig, sie hauchten ihnen die Möglichkeit ein, als etwas wahrgenommen zu werden, das über ihre gewohnte und notwendige Funktion hinausging.

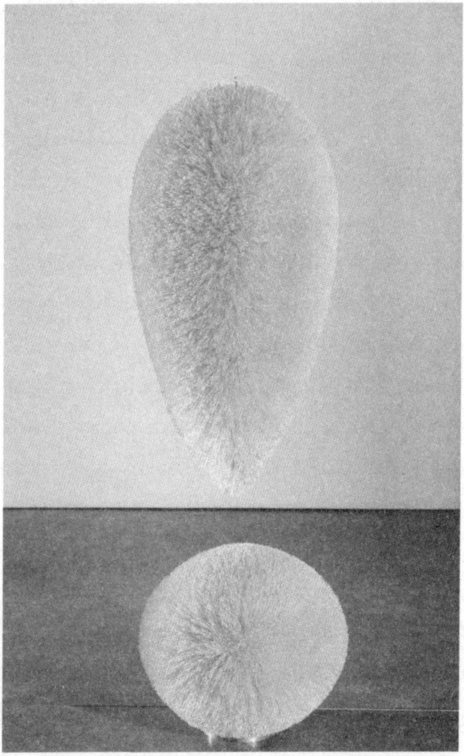

Richard Artschwager, *Exclamation Point* (*Chartreuse*), 2008.
Kunststoffborsten auf einem mit Latex bemalten Mahagonikern,
165,1 x 55,9 x 55,9 cm, Auflage von 3 Stück,
Bild mit freundlicher Genehmigung von Gagosian
© ARS, NY and DACS, London 2022.

Inspiriert von Untersuchungen über die Rolle der Leere in der Kunst (man denke an John Cages 4'33), vermählte Artschwager seine Blps mit der Stille und schuf zwischen

1966 und 1990 eine Serie von Ausrufezeichen-Skulpturen. In seinen Ausstellungen dominierten unzählige Serien unterschiedlich großer ! und ? und ,‘: stehend, von der Decke hängend, an der Wand befestigt, aus Holz oder Gummi, flauschig, hart, manchmal vage, aber immer fühlbare 3D-Destillationen ursprünglich flacher Textzeichen. Adam Weinberg vom Whitney Museum of American Art sagte: »Sie erscheinen als humorvolle und sinnliche, wenngleich stumme Formen, losgelöst von den dramatischen Gefühlen oder Klängen, die sie in einem Text implizieren würden.« Wenngleich sie aus ihrem natürlichen Habitat vertrieben wurden, bewahren Artschwagers dekontextualisierte Satzzeichen ihr erstaunliches emotionales Potenzial: Wenn man sie freischwingend im Museum entdeckt, lassen sie einen innehalten, mehr noch vielleicht, als wenn sie mit Wörtern vertäut wären. Wörter vermitteln den Anschein von Kontrolle – was genau wird zitiert, wer wird angesprochen? Auf ein ! zu stoßen, das nicht verankert ist, kann eine beängstigende Erfahrung sein.

Interpunktionszeichen machen etwas mit uns, egal, ob sie von Buchstaben umgeben sind oder nicht. Sie beeinflussen den Raum, der sie umschließt, sie akzentuieren ihn, sie beschwören und rekrutieren ihn für ihre Zwecke. Der Raum wird greifbar, ein Gegenstück, ein Negativ des soliden Objekts, das gegen ihn presst. Wie Skulpturen von Satzzeichen die Raumkonstruktion eines Museums choreografieren, so organisieren Textzeichen das unberührte leere Feld einer Buchseite. In gewisser Weise verwirklicht Artschwager in Skulpturen das, worauf e e cummings in seinen Gedichten hinauswollte: die Befreiung von normalerweise eingesperrten Dingen, Buchstaben oder Ideen, indem er sie ausdrücklich als sie selbst darstellt.

Doch mit dem ! hat es etwas Besonderes auf sich. Nicht umsonst nennt Artschwager es den »Prinzen der Interpunktion«. Im Museum steht das Ausrufezeichen allein, doch es ist nicht einsam: Es »kann sich auf alle und alles um es herum beziehen«, bemerkt Artschwager und ergänzt: Es »dreht sich frei, weiß aber um die Schwerkraft. Es hüpft auf einem Bein …« Artschwager faszinierte sowohl die Form des ! – der geerdete Punkt, der freischwebende Körper, kreisrund und aufrecht zugleich – als auch seine provozierende Kraft als kulturelles Statement. Präsentiert es unsere lärmenden Zeiten? Zeigt es der konventionellen Kunst den Mittelfinger – oder allen, die der Kunst den Hahn zudrehen wollen? Es ist ernst und albern zugleich.

Obwohl wir nicht wissen, was Artschwagers ! ausruft, steht fest, dass es exklamatorisches Gewicht besitzt. Es ist, was der Designer Martin Solomon ein »Ganzkörper«-Zeichen nennt. Es ist »erwachsen« und es ist »sehr laut (fortissimo)«, ungeachtet der Wörter, an die es sich heftet und die es verstärkt. Solomon klassifiziert die Satzzeichen von Texten nach musikalischen Werten. Er glaubt, sie seien »der Herzschlag der Typografie, sie bewegen Wörter in korrektem Timing und korrekter Betonung voran«. Doch besitzen sie auch »Masse und Energie«: Interpunktion, fährt er fort, »ist für die Typografie das, was Perspektive für die Malerei ist. Sie schafft die Illusion einer sicht- und hörbaren Dimension und verleiht so den Wörtern Lebendigkeit«. Interpunktion lässt uns erleben. Sie ist Erlebnis.

Es ist nicht geklärt, warum das ! so aussieht, wie es aussieht: Sein Erfinder Alpoleius beschreibt seine Form, verrät aber nicht, wie er auf die Idee kam. Vielleicht liegt es daran, dass das wörtliche Äquivalent von Wunder im Lateinischen *io* ist, was in etwa »hurra« bedeutet. Man kann sich vorstellen, wie, der eine Buchstabe hastig über den anderen gekritzelt, das »o« sich zu einem Punkt verdichtet, der auf den Grund der Zeile wandert, während i sich nach oben streckt. Vielleicht steht ein hochgestapeltes »i-o« für die eingeklappten ersten und letzten Buchstaben von *interiectio* (Interjektion oder Ausrufewort). Doch erscheint »wow« dem rebellischen Punkt angemessener.

Es scheint, dass der Kreis und der vertikale Strich, von einer unsichtbaren Brücke in kreativer Spannung zusammengehalten, etwas haben, das uns aufmerken und hochfahren lässt. In einem Museum weckt ein ! unser Interesse, und in einem Text erregt es unsere Aufmerksamkeit, ob wir wollen oder nicht.

! – Calibri

! – Garamond

! – Helvetica

! – Times New Roman

! – ALGERIAN

! – Bauhaus

! in unterschiedlichen Schriften … wobei natürlich niemand in Helvetica zu schreien anfangen würde.

Im Jahr 1956 verglich der deutsche Soziologe und Philosoph Theodor W. Adorno die Ausrufezeichen mit »lautlosen Beckenschlägen«, einem *sforzato*, mit Überraschungen und Lärm, aber auch mit einem (natürlich roten) Verkehrsschild. Adorno mag Ausrufezeichen ganz und gar nicht: Sie sind zu Beteuerungen einer Wichtigkeit verkommen, die sie legitimerweise nicht haben, wenn der Schreibende sich auf einen sensationslüsternen, oberflächlichen Glanz verlässt, um Interesse zu erzeugen. Schall und Wahn, doch ohne Substanz. Expressionistische Autoren der Zeit nach dem Ersten Weltkrieg übertrieben es mit ihren ! dermaßen, dass sie es zum Zeichenäquivalent der »Millionenziffern auf Banknoten der deutschen Inflation« machten, wie er in seinen 1974 erschienenen *Noten zur Literatur* vermerkte.

Schlimmer als sein bloß inflationärer Gebrauch war das, was Adorno als unerträglich gewordene »Gebärde der Autorität« sah. Unter den Satzzeichen ist das Ausrufezeichen der »drohend gehobene Zeigefinger«. Pass auf!, scheint es zu sagen. Tu dies, aber tu das nicht! Man kann Adornos Abneigung gegen das autoritäre Ausrufezeichen verstehen, wenn man an seine Erfahrung mit Rassismus, an die Verachtung seiner akademischen Arbeit und sein von den Nazis aufgezwungenes Exil denkt.

Die Kommunikationsstrategie der Nazis versklavte das Ausrufezeichen dank seiner Macht, dem Gesagten Nachdruck zu verleihen. Reichspropagandaminister Joseph Goebbels war schier besessen von !!!-Drillingen, und peitschte sie sowohl in die wöchentliche Aushangszeitung *Parole der Woche,* die von 1936 bis 1943 erschien, als auch in Reden Hitlers wie der über den britischen Luftangriff im September 1942: »Die Stunde wird auch dieses Mal kommen, in der wir antworten werden!!! Mögen dann die Generalverbrecher dieses Krieges und ihre jüdischen Hintermänner nicht zu winseln und zu flennen anfangen, wenn das Ende für England schrecklicher sein wird als der Anfang!!!« Goebbels ließ seine Sekretäre weitere Ausrufezeichen für besondere Betonung dazufügen, die jedoch in der öffentlich kursierenden Version der Rede fehlen. Der Linguist Konrad Ehlich forscht über die Sprache im Faschismus und versteht diese Art der Ausrufezeichenüberflutung als ein Denken in Befehlen. Führung gab es nicht nur ideologisch und praktisch, sondern durch die aufgezwungene Befehlsstruktur auch in der Sprache. Der Philologe Victor Klemperer hat den Missbrauch der Sprache der Nazis treffend in seinem Buch *Lingua Tertii Imperii* von 1947 beschrieben: »Alles in ihr musste Anrede, Anruf, Aufpeitschung sein.«

Ob im Dienste der Freiheit oder des Totalitarismus, es ist unumstritten, dass das ! uns packt und schüttelt, damit wir endlich aufwachen und erkennen, dass etwas Bedeutendes passiert ist oder uns kurz bevorsteht.

– !!! –

Es ergibt absolut Sinn, dass ratlose Comicfiguren ihre Verblüffung in einer fast leeren, einzig mit »?« gefüllten Sprechblase zeigen, auf die ein nachdrückliches »!« folgt, wenn sie endlich verstanden haben, was vor sich geht.

Die Ästhetik von Comics wird von ihrer Typografie bestimmt, ihren übertriebenen Formen und Farben, ihren extragroßen verbalen Klangeffekten, denen Ausrufezeichen den nötigen Wumms verleihen. Historiker des Genres vertreten die Ansicht, dass die hohe Schlagzahl von ! in Comics auf deren Anfänge zu Beginn des 20. Jahrhunderts zurückgeführt werden können, als das

Drucken noch eine eher schludrige Angelegenheit war. Um sicherzustellen, dass eine Textzeile im Druckerzeugnis auch tatsächlich mit einem Satzzeichen endet, bevorzugten Schriftsetzer oft das Ausrufezeichen, weil die Wahrscheinlichkeit, dass der Punkt im Druckprozess zu wenig Farbe aufnimmt, größer war als beim Ausrufezeichen. Diese pragmatische Lösung passte gut zur Energie und den gefühlsgeladenen Geschichten, die in Comics erzählt werden, und es war diese Mischung aus starken Bildern und intensiven Gefühlen, die Pop-Art-Künstler wie Roy Lichtenstein veranlasste, sich die Stile und Bildsprachen der Comic-Kultur anzueignen und so ein als jugendlich und frivol empfundenes Element in die hochtrabende Welt der Museen und teuren Auktionen einzuschleusen.

Plötzlich ist alles klar! (© Andrea Pittori)

Irv Novicks Original-Panel aus dem DC-Comic
All-American Men of War, das Roy Lichtenstein adaptierte.

Lichtensteins »Whaam!« aus dem Jahr 1963 zeigt einen Kampfpiloten, der ein feindliches Flugzeug in Flammen aufgehen lässt. Das Motiv hatte er einer Zeichnung entlehnt, die nur ein Jahr zuvor der Comickünstler Irv Novick geschaffen hatte, und er rechtfertigte diesen Schritt als Kritik an dieser speziellen Form amerikanischer Aggression in Vietnam. Das Bild sollte das Gewissen der Betrachter wachrütteln. Unterdessen musste Irv Novick, dem Anerkennung und Entlohnung versagt blieben, kämpfen, um über die Runden zu kommen. Die ersten Besitzer von »Whaam!« verkauften das Bild 1966 für fast 4000 Pfund an die Tate Gallery, eine für die damalige Zeit beträchtliche Summe. Heute ist es Millionen wert. Ein ! kann uns auf Unrecht aufmerksam machen, aber es kann es nicht wiedergutmachen.

– !!! –

Was Schriftsteller und Künstler immer schon wussten, wurde zuletzt von der Wissenschaft untermauert: Kees van den Bos, Professor für Sozialpsychologie an der Utrechter Universität, untersuchte die Wirkung von Ausrufezeichen auf die Aufmerksamkeit und das Entscheidungsvermögen von Menschen und fand heraus, dass Versuchspersonen, denen das Bild eines Ausrufezeichens gezeigt wurde, schneller dachten und strenger urteilten. Die Teilnehmer mussten auf Bildschirmen Texte lesen, in denen ethische Situationen mit unterschiedlichen Graden von (Un-)Gerechtigkeit beschrieben wurden. Als sie anschließend gefragt wurden, wie fair ihnen das jeweilige Szenario erschien, wurden ihre Aktivitäten in unterschiedlichen Gehirnregionen mithilfe der Kernspintomographie gemessen. Sobald vor einigen der Szenen ein Warnschild mit ! in der Mitte aufleuchtete, bewerteten die Versuchspersonen das für die Situation vorgeschlagene Ergebnis als »sehr ungerecht« und nicht nur als »ungerecht«. Darüber hinaus urteilten sie schneller und berichteten, dass sie wachsamer wurden, nachdem sie das Ausrufezeichen gesehen hatten (im Gegensatz etwa zum Fragezeichen, das neben anderen Kontrollstimuli eingesetzt wurde). Das MRT bestätigte, was die Teilnehmer berichteten, und attestierte größere neuronale Aktivitäten im medialen präfrontalen Cortex, wo unsere Gehirne alarmierende und gefühlsbesetzte Informationen verarbeiten.

Kees van den Bos lässt ein Warnzeichen aufblinken.

Van den Bos schloss, dass ein ! uns darauf vorbereitet, wachsam zu sein. Das heißt nicht, dass es uns in Panik versetzt – wir versuchen zunächst einmal herauszufinden, ob uns das, was vor uns liegt, Anlass zur Sorge gibt. Da die Energie, die wir für unsere Aufmerksamkeit aufwenden, wertvoll ist, hat die Evolution dafür gesorgt, dass wir erst über mehrere Hürden springen müssen, bevor wir Fahrt aufnehmen, um entweder zu kämpfen oder zu fliehen. Das Ausrufezeichen hebt uns auf die erste Stufe der Analyse, es lässt uns entscheiden, ob wir einem Phänomen genauere Beachtung schenken sollen oder nicht. Der Anblick eines ! beschleunigt Gehirnprozesse und weist auf potenziell gefährliche Situationen hin. Ob dies nun mit seiner Form zusammenhängt oder damit zu tun hat, dass uns Ausrufezeichen in Texten oder im Alltag schon immer als Symbole für »Achtung« begegnen, ändert nichts an seiner Macht über uns. Wir fahren hoch, als hätte uns etwas gekniffen.

Doch nicht nur in unserem Geist hinterlässt ein ! Spuren: Wenn wir lesen, sendet unser Gehirn winzige Signale an unsere Stimmbänder, die sich unmerklich zusammenziehen, als würden wir tatsächlich sprechen. Wissenschaftler haben im Kehlkopf und in den Muskeln eine elektrische Aktivität gemessen, eine Ladung, die so minimal ist, dass unser Bewusstsein sie nicht wahrnimmt, und doch groß genug, um im Gehirn eine Rückkopplungsschleife zu produzieren: Die »Subvokalisierung«, die Stimme im Kopf, wenn wir leise lesen, erhöht das Arbeitsgedächtnis, jenen Teil des Gedächtnisses, der die Ströme eingehender Eindrücke in einem zugänglichen und geschmeidigen Zustand hält, neue Eindrücke integriert und dem Verstehen dient. Die Interpunktion hilft, den Rhythmus eines Satzes zu erspüren, und trägt so zu unserem Gefühl für Klänge bei. Sie informiert unsere Körper, die wiederum unser Gehirn informieren. Je mehr wir subvokalisieren, glaubt die Linguistin Elizabeth Schotter, desto besser funktioniert unser Gedächtnis und desto besser verarbeiten wir das, was wir lesen.

Da wir auch deswegen lesen, um Informationen zu verstehen und dauerhaft zu speichern, wäre es unklug und fatal, diese Stimme in unseren Köpfen zu unterdrücken, und dennoch trainieren sogenannte Schnelllesende genau das. Darüber hinaus versuchen sie, die Augenbewegung, bei der das Auge sich methodisch durch einen Text arbeitet, auszuschalten. Hierzu verwenden sie ein Gerät namens Tachistoskop, das einzelne Wörter in hoher Geschwindigkeit auf einem Bildschirm aufblitzen lässt, ohne Verweilen, ohne Wiederholung, tatsächlich ohne Bewegung, sondern stetig auf der Stelle laufend. Mithilfe eines solchen Geräts zu lesen, ist jedoch kontraproduktiv, da es intuitiven Annahmen zuwiderläuft; das Auge gleitet nicht von Buchstabe zu Buchstabe oder von Wort zu Wort, sondern überspringt jeweils acht oder neun Buchstaben auf einmal (von links nach rechts, wenn der Text in einer westlichen Sprache geschrieben wurde). Es fixiert einen Buchstaben oder ein Satzzeichen, dann packt es eine Gruppe von Buchstaben zusammen, bevor es zum nächsten Fixpunkt springt. Eine Fixierung dauert 225 Millisekunden (eine Viertelsekunde); die folgenden Froschsprünge (Sakkaden) sind sogar noch schneller, sie katapultieren den Fokus innerhalb von 50 Millisekunden voran. Die Buchstaben vor und nach dem Fixpunkt sind verschwommen, aber unser Auge ist dennoch in der Lage, ihre Form und ihren Sinn zu erfassen. Junge Leserinnen und Leser springen über weniger Buchstaben und müssen öfter zurückgehen und neu lesen, doch auch geübte Leser machen in etwa 15 Prozent der Fälle auf natürliche Weise einen Rückschritt.

Wenn also jemand jedes einzelne Wort als kurze Erscheinung auf einem Bildschirm liest und diesem Wort unmittelbar ein weiteres und noch ein weiteres folgt, kann es sein, dass sich die Lesegeschwindigkeit nominell vergrößert, nicht jedoch die Merkfähigkeit. Tatsächlich wird das Arbeitsgedächtnis auf dieselbe Weise gedrosselt, als würden wir die Subvokalisierung unterdrücken. Aufblinkende Wörter erlauben auch keine Rückwärtsbewegung des Auges. Es gibt keine Software, die vorhersagt, wann genau unser Gehirn es für nötig befindet, dass unsere Augen sich zurückbewegen, um einen Satz erneut zu lesen. Wie sich herausstellt, fixieren unsere Gehirne und zucken unsere Stimmbänder aus guten Gründen. Die beste Art zu lesen ist die natürliche. Die beste Art auf einem Fachgebiet schneller zu lesen ist es, ähnliche Texte zu lesen, da Vertrautheit die Geschwindigkeit erhöht, weil wir bestimmte Wörter und Sätze erwarten, andere hingegen nicht.

Vielleicht hat Woody Allen alles Notwendige zu diesem Thema gesagt: »Ich habe einen Schnelllesekurs besucht. Es ist großartig. Freitagnacht habe ich *Krieg und Frieden* durchgelesen. [Pause] Es handelt von Russland.«

– !!! –

Auch die Form von Buchstaben und ihre Anordnung beeinflussen die Fähigkeit unserer Augen, etwas zu entziffern und zu verarbeiten: Das lateinische Alphabet hat seine Erkennungsmerkmale in der oberen Hälfte der Buchstaben, wodurch die obere Hälfte des unten abgebildeten Beispiels von Renan Gross weitaus besser lesbar ist als die untere (mit der unteren Hälfte der Buchstaben).

Ein starker Kontrast zwischen Buchstabenformen und Buchstabengrößen erhöht merkliche Unterschiede und damit die Lesbarkeit. DIES IST SCHWERER ZU LESEN als dies. Während unsere Augen die Bergkette aus Wörtern hoch- und hinunterwandern, erzeugt die Folge von Bergspitzen und Tälern eine wünschenswerte Schwierigkeit: gerade so viel Kontrast, um unsere Augen neugierig zu machen, doch nicht zu viele Schluchten, damit wir nicht ins Schwindeln geraten. Das Ausrufezeichen ist ein Schlüsselelement der visuellen Symphonie aus Höhen und Tiefen. Es verwandelt jede allzu ordentliche Textzeile in eine Goldgrube aus Unterschieden.

Nennt mich Ismael. Vor einigen Jahren – wie viele es sind, tut nichts zur Sache –, als mein Beutel so gut wie leer war und an Land mich nichts besonderes hielt, kam mir der Gedanke, ich könnte zur See fahren und mir den wässerigen Teil der Welt besehen.

Nennt mich Ismael. Vor einigen Jahren – wie viele es sind, tut nichts zur Sache –, als mein Beutel so gut wie leer war und an Land mich nichts besonderes hielt, kam mir der Gedanke, ich könnte zur See fahren und mir den wässerigen Teil der Welt besehen.

Moby Dick (übersetzt von Hans und Alice Seiffert)
über und unter der Mittellinie, nach Renan Gross' Blog
Sarcastic Resonance.

Die Geschwindigkeit und der Grad unseres Textverständnisses hängen auch von unserer allgemeinen Gemütslage, dem Seitendesign und der Schriftart des Texts ab, des Weiteren von unseren Zielen (Was wollten wir aus ihm herausholen?), unserer Umgebung (Lesen wir in einem lauten Café?) und unserer Aufnahmefähigkeit (Machen wir mehrere Dinge auf einmal?). Emotion, Anatomie und Design ergänzen sich zu einem funktionalen Dreiklang: Das ! ist unverzichtbar für das ganzheitliche, umfassend gefühlte und gedachte Erlebnis des Lesens.

Die besten Autorinnen und Autoren vollbringen mit einem gut gesetzten ! wahre Wunder, sie steigern das physikalische Erleben dessen, was wir lesen. Zu oft jedoch wird die Macht der Ausrufezeichen missbraucht. Die Interpunktion verkommt zu einem Werkzeug der Gehirnwäsche, der gesellschaftlichen Kluft und des destruktiven Konsums. Der Aufmerksamkeitseffekt, der das Ausrufezeichen auszeichnet, wurde von Werbefirmen, deren Branding und Logos oft auf ein ! enden, on- und offline ausgebeutet, auch wenn es plump und übermäßig anbiedernd daherkommt. Der Konzern für Cybersicherheit Symantec hat herausgefunden, dass gerade Spam-E-Mails allzu oft auf die Fähigkeit des Ausrufezeichens setzen, ein Gefühl der Dringlichkeit zu erzeugen. Das ! hängt sich an fünf der sechs meistgebrauchten Wörter im E-Mail-Spam, darunter »sofort!«, »online!«, »hier!« und »heute!«. Nur »erhältlich« kommt meist ohne Zeichen-Fortsatz aus, vielleicht, weil es zu lang und langatmig ist. Das ! lässt uns aufmerken und bereitet uns auf das vor, was als Nächstes kommt. Es ist exakt diese eingebaute Sirene, mit deren Hilfe Geschäft und Politik in ihrem Kampf um Aufmerksamkeit Profit schlagen wollen.

Marshall McLuhan, der erste Soziologe der Massenmedien, argumentierte, dass der Weg, auf dem wir eine Botschaft erhalten, die Art und Weise verändert, wie wir denken und wahrnehmen. »The medium is the message«, sagt er, und so sollte auch der Titel seines berühmtesten Buches lauten – doch als dem Schriftsetzer ein Tippfehler unterlief, entschied sich McLuhan, es als *The Medium is the Massage* zu veröffentlichen. Wir sollten den Titel vielleicht ein wenig anpassen: ! ist die Message.

FÜNFTES KAPITEL

Total verstrahlt!
Atombomben und die Politik des Weckrufs

Es ist überall. Auf Kaffeebechern, Postkarten, T-Shirts, Jutebeuteln, Schlüsselanhängern. Der rote Hintergrund, die zurückhaltenden, schnörkellosen weißen Buchstaben, die ikonische, stilisierte Krone, die über den Worten schwebt und etwas Urbritisches auszudrücken scheint, oder zumindest etwas, das die Welt oder einige Briten für urbritisch halten: KEEP CALM AND CARRY ON (RUHE BEWAHREN UND WEITERMACHEN). Es ist das Sinnbild der englischen Variante der Selbstdisziplin, der berühmten steifen Oberlippe, die allen Briten in Krisenzeiten ins Gesicht geschrieben steht. Während der späten 2000er-Jahre eroberten der Slogan und seine unverwechselbare Optik die Welt. In immer neuen Variationen erneuert er sich bis heute fortwährend: ein ins Gegenteil verkehrtes NOW PANIC AND FREAK OUT (IN PA-

NIK GERATEN UND AUSFLIPPEN); ein weihnachtliches KEEP CALM AND HO HO HO; für die Nerds gibt es ein KEEP CALM AND PRESS CTRL+ALT+DEL (RUHE BEWAHREN UND CRTL+ALT+DEL DRÜCKEN); und während der Pandemie gab es natürlich das unvermeidliche WEAR A MASK AND CARRY ON (MASKE TRAGEN UND WEITERMACHEN). Bisweilen wird die Krone durch andere Symbole ersetzt, von einer Waffe bis zum Handy ist alles möglich. Manchmal erhält der Hintergrund eine andere Farbe oder ein anderes Muster. KEEP CALM AND CARRY ON ist womöglich das erfolgreichste Mem seit Erfindung des Internets.

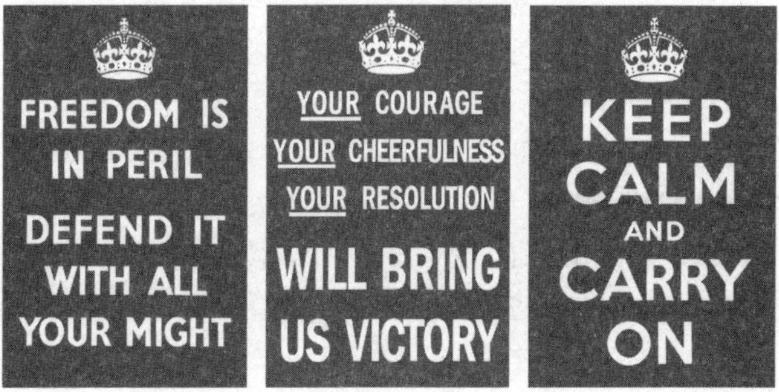

Das Dreigestirn Mut machender Plakate des britischen Informationsministeriums während des Zweiten Weltkriegs.

Bemerkenswerterweise verdanken wir seine Existenz einem merkwürdigen Zufall. Stuart Manley, der Besitzer des Antiquariats Barter Books in Northumberland, kaufte auf einer Auktion eine Kiste Bücher und entdeckte darin ein altes Poster. Es gefiel ihm so gut, dass er es mit einem hübschen Rahmen versah und hinter seine Ladenkasse hängte. Als nun regelmäßig Kunden hereinkamen, die es kaufen wollten, ließ Manley 50 Exemplare drucken, die schnell ausverkauft waren. Er verkaufte immer mehr Poster, bis der *Guardian* fünf Jahre nach der Entdeckung darüber berichtete. Die Nachfrage schnellte in die Höhe, und nachdem es im Zuge der Finanzkrise den Atlantik überquert hatte, war es 2009 zu einem weltweit gefragten Artikel geworden.

Der Aufruf zu stoischer Resilienz im Angesicht der Katastrophe stammt aus dem Jahr 1939, als die britische Regierung drei verschiedene Plakate entwerfen ließ, um zu Beginn des Zweiten Weltkriegs die Moral in der Bevölkerung zu stärken. »FREEDOM IS IN PERIL, DEFEND IT WITH ALL YOUR MIGHT« (DIE FREIHEIT IST IN GEFAHR, VERTEIDIGT SIE MIT ALL EURER MACHT), »YOUR COURAGE, YOUR CHEERFULNESS, YOUR RESOLUTION WILL BRING VICTORY« (DEIN MUT, DEIN FROHSINN, DEINE ENTSCHLOSSENHEIT WERDEN UNS ZUM SIEG VERHELFEN) und »KEEP CALM AND CARRY ON«.

Die ersten beiden Plakate wurden bald schon an Wände und Werbetafeln geklebt, KEEP CALM wurde für eine mögliche Invasion Großbritanniens durch das nationalsozialistische Deutschland in Reserve gehalten, wenn eine zunehmende Panik die Tagesordnung bestimmen würde.

Zur Invasion kam es nicht, doch die Öffentlichkeit nahm schon die ersten beiden Plakate nicht positiv auf: Sie waren zu wortreich, zu bevormundend. Die Briten wollten nicht, dass man ihnen vorschrieb, was sie zu denken haben, sie wollten wissen, was sie unternehmen sollten. Nach dem Misserfolg der ersten beiden Plakate wurde KEEP CALM trotz riesiger Produktionskosten (nach heutigem Geldwert drei Millionen Pfund) nie öffentlich gezeigt. Die meisten Exemplare wurden eingestampft und recycelt, da mit zunehmender Kriegsdauer Papier zu einem knappen Gut geworden war.

Damals waren die Entwürfe Teil einer neuen Form von Plakatkunst. Das britische Informationsministerium holte sich Hilfe beim öffentlichen Verkehrsverbund »London Transport«, der auch die Londoner U-Bahn-Pläne entworfen hatte und zum Wegbereiter moderner typografischer Designs wurde. Heute, aus zeitlicher Distanz und unter anderen politischen Umständen, können wir dem schlichten Stil etwas abgewinnen. Doch während des Krieges benötigten die Menschen etwas anderes. Das nationalsozialistische Deutschland fand schnell eine effektive Propagandaästhetik, die den Menschen mithilfe von Bildern und Schriften eindeutige Befehle erteilte und an ihre Gefühle appellierte. Das Ausrufezeichen gehörte zu den Instrumenten, die Aufmerksamkeit erregen und das Nervensystem durchrütteln sollten. Der Krieg braucht Ausrufezeichen.

Aufforderung der Nazis, nachts die Fenster zu verdunkeln, und ein einfacherer grafischer Ausruf der Briten.

Andere Länder folgten dem Beispiel Deutschlands und entwickelten Propagandakunst als ausgeklügelte Interaktion zwischen Wort und Bild und Satzzeichen, die die Menschen in Alarmbereitschaft versetzten. Auch die Briten entschieden sich schließlich für eine Sprache der Eile und emotionalen Gewichtung und ersetzten »KEEP CALM« durch »GO TO IT!« (LOS GEHT'S!). Die Ränder der Buchstaben zerfasern in der schieren Geschwindigkeit, mit der sie zur Tat drangen, die kurzen roten Wörter aus zwei Buchstaben auf weißem Grund laufen diagonal über die Seite, sie werden von einem selbstbewussten ! aus dem Rahmen gerissen. Schluss mit der Behäbigkeit: Wir müssen handeln, und zwar jetzt!

Krieg der Ausrufezeichen! »Rosie, die Nieterin« auf dem bekanntesten US-Kriegsplakat (später von Feministinnen im Kampf für gleiche Arbeitsrechte adaptiert). Das italienische Propagandaplakat – »Das sind die ›Befreier‹« – benutzt Anführungszeichen, um die Behauptung der Alliierten, Italien zu befreien, während man Krankenhäuser und antike Gebäude zerstört, ins Lächerliche zu ziehen.

Wenn in Kriegszeiten kein kühler Kopf, sondern Mobilisierung gefragt ist, funktioniert der Slogan »KEEP CALM« ohne Satzzeichen nicht. Doch spricht er uns, die wir uns heute nach der kühlen Besonnenheit des Plakats sehnen, umso mehr an. Man könnte argumentieren, dass ein Punkt nach »CARRY ON« einen stabilisierenden Ruhepunkt für das Auge schaffen würde, an dem es die Wörter sacken lassen könnte. Andererseits suggeriert »CARRY ON« Kontinuität, nicht Stagnation. Insofern ist es eine kluge Entscheidung, auf den Schlusspunkt zu verzichten.

Die stille Macht der Interpunktion über unsere Gedanken und Gefühle beeinflusst auch die zeitgenössischen Entscheidungen für Wahllogos. Als Barack Obama 2012 seinen Wahlkampf für eine zweite Amtszeit im Weißen Haus eröffnete, wählte er einen Slogan mit weißen Buchstaben auf petrolblauem Hintergrund mit dem charakteristischen O-Logo, das von fruchtbaren rot-weiß gestreiften amerikanischen Feldern unter der weißen Morgensonne gefüllt war, die am blauen Himmel der Demokraten aufging. Obamas »O«; ein Wort; ein Punkt. »FORWARD.« – »VORWÄRTS.«

Obamas Schlagwörter im ersten Wahlkampf 2008 waren die ebenfalls kurzsilbigen »HOPE« und »CHANGE« und »PROGRESS«. Man beachte die fehlenden Satzzeichen dazwischen. »HOFFNUNG« und »WANDEL« bersten vor Energie und zukünftigen Möglichkeiten; sie könnten von Satzzeichen gar nicht eingefangen werden. Aufwärts und voran. Vier Jahre später ging es jedoch nicht mehr um hochfliegende Ambitionen, es ging darum, die gute Arbeit fortzusetzen (mit einer zweiten Amtszeit). Der Punkt in der Kampagne von 2012 ergibt also Sinn, kann aber auch so interpretiert werden, als würde Obama auf die Bremse treten und sogar in Widerspruch zur Wortbedeutung von »FORWARD« gehen. Der Legende nach stritt Obamas Beraterteam vor der Veröffentlichung von

»FORWARD« heftig darüber, ob das Ausrufezeichen verwendet werden solle oder nicht. Die Debatte beendete der Präsident höchstpersönlich. Er entschied sich für den »Punkt« als beruhigenden Anker für das Auge und die amerikanische Seele.

Obama setzt für seine Wiederwahl einen Punkt.

Politikreporter aus dem rechten Lager haben den möglichen Gegensatz zwischen dem Punkt und der Bedeutung des Wortes aufgegriffen. Doch die Interpunktion tut genau das, was sie tun soll: Sie neutralisiert den Ton und sorgt für Ruhe. Es geht »VORWÄRTS«, es bleiben also noch Dinge, die erledigt werden müssen; und es ist ein Punkt gesetzt. Obamas Vorwärtsdrang wird also nicht von

Was ist nur mit den Konservativen los?
In dieser Kampagne um die Führung der britischen Konservativen wurde aus Rishi Sunak RISH! – der letzte Buchstabe seines Vornamens musste einem ! weichen.
Insgesamt etwas zu aalglatt.

vagen Wünschen, Ideen und Idealen beherrscht, sondern von Standhaftigkeit und Entschlossenheit begleitet. Die gleich großen, durchgängig großgeschriebenen Buchstaben sind eine visuelle Repräsentation von Stabilität und Stärke; eine elegante Verteilung der einzelnen Buchstaben verleiht ihnen Ausgewogenheit. Wort, Design und Interpunktion bringen die perfekte Mischung von Schwung und Balance zum Ausdruck. Eine Spannung, die produktiv und nicht angstbesetzt ist. Man stelle sich stattdessen »VORWÄRTS!« vor. Dies entspräche eher einem hastigen Befehl oder einem aufdringlichen Fitnesstrainer, weniger dem identitätsstiftenden Bild des Präsidenten eines der weltweit einflussreichsten Länder.

Eine präsidiale Interpunktion machte auch in anderen Ländern Schlagzeilen: Emmanuel Macrons erste Bewerbung um das Amt des französischen Staatspräsidenten im Jahr 2016 war geprägt vom frischen Wind eines jungen und unverbrauchten Kandidaten, dessen motivierender Ausruf »En Marche!« die Wählerinnen und Wähler ermutigte, jenseits der traditionellen Gräben zwischen links und rechts einem 39 Jahre alten politischen Newcomer aus der Mitte ihre Stimme zu geben. Eine Präsidentschaft Trumps, eine Pandemie und einen Krieg in Osteuropa später sind die Temperaturen im Präsidentschaftswahlkampf um einige Grad gestiegen und haben neue !-gesprenkelte Slogans und Parteien des gesamten politischen Spektrums hervorgebracht: von der Bürgermeisterin und sozialistischen Kandidatin Anne »Hidalgo! 2022« über Jean Lassalle aus der politischen Mitte und seine Partei »RÉSISTONS!«, bis zur Mitte-Rechts-Parole »LIBRES!« von Valérie Pécresse und der neu gegründeten rechtsextremen Partei »RECONQUÊTE!« Éric Zemmours. Je nach Perspektive warnte letzteres Ausrufezeichen entweder vor einem Rechtsruck, oder es warb für eine angeblich patriotische Rückbesinnung des Landes auf seine unverfälschten weißen Wurzeln. Als schließlich überall Plakate mit Ausrufezeichen zu sehen waren, bezeichnete die französische Presse sie als eine Pandemie, die »so ansteckend wie die

Omikron-Variante« sei. Der erste Rufer jedoch, der amtierende Präsident Emmanuel Macron, verzichtete im Wahlkampf auf derartige Töne des Aufruhrs und entschied sich für den satzzeichenbefreiten Slogan »Avec vous« (»Mit euch«), der zwei Wochen vor der zweiten Wahlrunde von »Nous tous« (»Wir alle«) abgelöst wurde.

Ein rechtsextremes Ausrufezeichen von Éric Zemmour.

Man hätte denken können, dass sich auch Macrons enge Verbündete, die ehemalige Bundeskanzlerin Angela Merkel, für eine interpunktionsfreie Variante (oder einen bescheidenen Punkt) entscheiden würde, doch ihr PR-Team war anderer Meinung. Während einer Pressekonferenz zur europäischen Flüchtlingskrise von 2015, als Deutschland die Rekordzahl von beinahe einer Million Menschen aufnahm, sagte sie mit untypischem Optimismus: »Wir schaffen das.« Diesen Satz, den sie in der ihr eigenen gleichbleibenden Stimmlage ausgesprochen hatte, wurde von den Medien aufgegriffen und als übermäßig enthusiastisches »WIR SCHAFFEN DAS!« weiterverbreitet. Diese Proklamation zierte monatelang Parteiplakate und Websites.

Sie rief unzählige Reaktionen sowohl ihrer Anhänger als auch ihrer Gegner hervor, die das ganze Spektrum von »WIR MÜSSEN DAS SCHAFFEN!« über ein zweifelbehaftetes »SCHAFFEN WIR DAS?« hin zum vorhersehbar negativen »WIR SCHAFFEN DAS NICHT!« von rechts abdeckten. Vielleicht hätte der Satz etwas weniger Aufmerksamkeit erregt und wäre weniger repräsentativ für die Spaltung der deutschen Gesellschaft geworden, hätte man Merkels unaufgeregter Aussage kein ! angeheftet.

– !!! –

Interpunktionszeichen (und Ausrufezeichen) können einen politischen Wahlkampf ebenso voranbringen wie lähmen. Jeb Bush, 2016 einer der Bewerber um das Amt des US-Präsidenten, versuchte mit äußerst bescheidenem Erfolg, aus dem Ausrufezeichen Profit zu schlagen. Im Vorfeld der republikanischen Kandidatenwahl wurde George W. Bushs zweiter Sohn von Kommentatoren angegriffen, als er enthusiastisch ein ! hinter seinem Vornamen platzierte: »Jeb Bushs Slogan klingt wie ein Broadway-Musical.«

Ein schlechtes Plakat lässt sich auch durch die Energie des Ausrufezeichens nicht retten. Der Grafikdesigner Sagi Haviv kommentierte den Ton von Jeb! wie folgt: »Ich bestimme selbst, ob ich mich begeistere.«

Jeb!
2016

Üblicherweise werden politische Logos von den besten Designern maßgeschneidert, um das Wesen des Kandidaten in visuelle Form zu gießen. Jebs Logo dagegen setzte auf eine altmodische Schriftart, Baskerville, die jedem Benutzer von Word zur Verfügung steht. Das führte dazu, dass Jeb! ziemlich abgetakelt aussah (tatsächlich hatte er Versionen dieses Logos bereits mehrmals benutzt, seit er 1994 zum ersten Mal für das Amt des Gouverneurs von Florida ins Rennen gegangen war. Kritiker behaupteten darüber hinaus, das Logo stifte mit der ungleichen Skalierung seiner Elemente Verwirrung: Die Jahreszahl sei zu klein, das ! in Relation zum Namen Jeb zu groß. Es besticht weder mit proportionaler Harmonie noch mit verblüffenden Kontrasten. Es ist etwas langweilig, und das strahlt unfreiwillig auf seinen »Besitzer« zurück. Milton Glaser – der Designer, der das ikonische »I ♥ NY« geschaffen hat – glaubt, Bushs Wahlkampfteam habe sich für das ! entschieden, um »ein Gefühl des Überschwangs und der Begeisterung« zu entfachen. Weil »Jeb keine Person zu sein scheint, die dieses Ziel erreicht, muss man es in gewisser Weise für ihn erfinden«.

Glaser vermutet zudem, Jeb habe unter dem Ausrufezeichen seinen Nachnamen verdecken wollen, ein Name, der durch die Kriegstreiberei der alten Bush-Dynastie gelitten habe. Das Ausrufezeichen hatte eine doppelte Aufgabe zu erfüllen. Es sollte die Überzeugung für einen Wischiwaschi-Kandidaten vorgaukeln, der jeglichen Enthusiasmus vermissen ließ, und es sollte paradoxerweise seine Herkunft verbergen. Bestenfalls fühlte sich Jeb! herrisch an, als wolle es dem Wähler eine unechte Begeisterung aufzwingen. Schlimmstenfalls war sein aus dem Lot geratener Schrei der Vorbote eines lustlosen, aber umso hysterischeren Konservatismus.

Bei den Vorwahlen der Republikaner zwischen Februar und Juni 2016 machte sich Stephen Colbert wiederholt über das ! in Jeb! lustig: Er spottete über die offensichtliche Diskrepanz zwischen dem Zeichen, das Energie und

Aufregung verströmt, und der farblosen öffentlichen Figur, die Bush abgab. Colbert schlug vor, er solle »andere auf Interpunktion basierende Gefühle ausprobieren«, wie etwa ? (angemessen für einen Mann, der nicht weiß, wofür er steht) oder ;, weil es »smart« sei, man aber nicht sicher sein kann, »was es tut oder wo es hingehört«. Aber am besten gefiel ihm Jeb*, denn es würde neugierig machen. So könnten die Leute in den Fußnoten nachschlagen und feststellen: »Oh ja, er kandidiert immer noch für das Präsidentenamt.«

– !!! –

Während wir es uns erlauben dürfen, Jeb! nicht allzu ernst zu nehmen, kann man dies für die Interpunktionspolitik eines anderen Republikaners nicht behaupten. Sein Missbrauch des Ausrufezeichens hat dessen Sprengkraft und Wirkmächtigkeit noch gesteigert. Nur fünf Tage, nachdem Obama im November 2012 zum zweiten Mal die Präsidentschaftswahlen gewonnen hatte, prägte ein New Yorker Wirtschaftsmogul einen Slogan, der die Welt in Aufruhr versetzen sollte. Im Juli 2015 trug Donald J. Trump die erste von vielen Millionen roter Mützen mit dem künftigen Slogan seiner eigenen Präsidentschaftskampagne, »MAKE AMERICA GREAT AGAIN!«

★ ★ ★ ★ ★

MAKE
AMERICA
GREAT AGAIN!

★ ★ ★ ★ ★

Ein zerrissenes Amerika – sogar aus Kerning-Perspektive.

Trumps Wahlkampagne machte aus dem MAGA-Slogan ein millionenschweres Geschäft. Doch seltsamerweise hatten ihn zwei Präsidenten bereits vor ihm verwendet, jedoch ohne Ausrufezeichen. Bill Clinton 1991 und Ronald Reagan 1980. Reagans Kampagnenslogan klang etwas einladender und weniger exklamatorisch: »Let's make America great again«. Vielleicht war die Welt damals noch nicht bereit für ein politisches !. Vielleicht mussten sich erst die Sozialen Medien als Gefühlsverstärker durchsetzen.

Der Slogan mag für Trump perfekt funktioniert haben, doch aus der Perspektive eines Grafikdesigners war »MAKE AMERICA GREAT AGAIN!« wie Jebs Logo ein einziges Desaster. Es vermengte eine Serifenschrift für »America« mit einer serifenlosen Schrift für »make great again«. Der fette, unentschlossen moderne Auftritt der serifenlosen Schrift und die altmodische Serifenschrift irritieren in vielerlei Hinsicht. Der ungleich verteilte Weißraum zwischen den einzelnen Buchstaben erzeugt Lücken, die drohen, die Wörter zu zersetzen. Der Grafikdesigner

Martin Silvertant hat dies analysiert und gezeigt, wie die ungleiche Verteilung der blauen Schrift auf weißem Hintergrund den Slogan auseinanderfallen lässt: »MAKE AMERI C A GREA T AGAIN!« Die Unregelmäßigkeiten sind subtil, aber sobald man sich ihrer bewusst wird, sind sie kaum noch zu übersehen.

Von einem ästhetischen Standpunkt aus könnte man sagen, der Slogan ist ein Loser (um auf die Sprechweise des Kandidaten zurückzugreifen); politisch dagegen hat er sich als unglaublich erfolgreich erwiesen. Und vielleicht hatten die unterschiedlichen Schriftarten insofern ihren Anteil daran, als das große »AMERICA« in Serifen auf eine Zeit zurückverwies, in der weißes, konservatives Überlegenheitsdenken salonfähig war, während die serifenlosen Wörter das schnörkellose Ethos der amerikanischen Unternehmenswelt heraufbeschworen. Diese unterschiedlichen mentalen Zeitzonen rieben gegeneinander und verkörperten so bis ins Detail eine Marke, die versprach, zurück in die Zukunft zu gehen. Und wie das fehlende Buchstabenverhältnis den Slogan um seine Schlüsselwörter »America« und »great« auseinanderfallen ließ, so ließ sich das Land von Trumps spalterischer Demagogie einfangen.

Uns geht es aber nicht vorrangig um Schriftarten, sondern um Interpunktion, und auch in diesem Bereich ist in Trumps Kampagne nicht alles glattgelaufen. Als hätte der Slogan an sich nicht schon für maximale Spaltung gesorgt, machte die Interpunktion alles nur noch schlimmer: »MAKE AMERICA GREAT AGAIN!« – wie auch das »KEEP AMERICA GREAT!« aus Trumps zweitem Wahlkampf – zapfte die Macht des ! an, um sich in unser Nervensystem einzuschleichen und uns in einen Zustand andauernder Panik zu bannen.

Nur waren nicht allein die MAGA-Kappen für diese angespannte Mischung aus Aggression und Hysterie verantwortlich: Es gab auch eine mediale Plattform, die aus der menschlichen Lust auf markige Häppchen ihren Profit zog, die einen einfachen Ausweg aus komplexen Zusammenhängen versprachen. Sicher, Donald Trump hat die breite Öffentlichkeit lange vor Twitter erreicht. Und doch hat eben jenes digitale Informationskreislaufsystem diesem Meister der Wichtigtuerei und Gefühlsmanipulation zweifellos neue, ungeahnte Möglichkeiten verschafft, für die er das ! als treuen Handlanger anheuern konnte. Wie wir im nächsten Kapitel sehen werden, wurden die markigen Online-Sprüche durch die Funktionsweise von ! verstärkt.

In *The Medium is the Massage* beschrieb Marshall McLuhan die Wasserstoffbombe als »Ausrufezeichen der Geschichte« und erklärte, »sie beendet einen lang währenden Satz offenbarer Gewalt«. Die Ungeheuerlichkeit nuklearer Waffen, so McLuhan, beende den materiellen, mit Kriegsgerät geführten Kampf und läute ein Zeitalter der elektronischen Kriegsführung ein, sozusagen eine Schlacht der Bilder, einen Kampf um die Deutungsmacht über die Information, der letztlich nichts anderes ist als ein Griff nach unserem »zentralen Nervensystem, das von der »elektrischen Technologie« infiltriert wird.

SECHSTES KAPITEL

Immer zur Hand

Das digitale !

Donald J. Trumps Vorliebe für den frenetischen Gebrauch von ! sollte sich schnell herumsprechen, kaum dass er am 16. Juni 2015 die gold glänzende Rolltreppe des Trump Towers hinuntergefahren war, um seine Kandidatur für das Amt des Präsidenten bekanntzugeben. Trumps Sprachrohr der Wahl war das heute unter dem Namen X bekannte Twitter, eine geringfügig überwachte Social-Media-Plattform, die auf Informationsschnipseln aufgebaut ist, die nicht länger als 140 Zeichen sein dürfen (seither auf 280 Zeichen verdoppelt).

Im Vorfeld der Nominierung veröffentlichte FiveThirtyEight, eine journalistische Website für statistische Daten, eine Tabelle, die den Gebrauch von einem, zwei, drei oder mehr Ausrufezeichen in den Tweets der jeweiligen Kandidaten zeigt. Zwischen November 2015 und Juni 2016 war die Wahrscheinlichkeit, dass ein republikanischer Bewerber mindestens ein ! in seinem Tweet unterbringt, drei- bis sechsmal höher als bei den demokratischen Kandidaten. Ein Ausrufezeichen verirrte sich lediglich in 9 Prozent der Tweets von Bernie Sanders, bei Hillary Clinton waren es gerade einmal 7 Prozent. Mehrere Ausrufezeichen hintereinander nutzten beide so gut wie gar nicht. Der Republikaner Ted Cruz dagegen füllte mehr als 30 Prozent seiner Tweets mit einem oder mehreren Ausrufezeichen, während Donald Trump tatsächlich 60 Prozent seiner Tweets mit mindestens einem ! ausstattete, einer von zehn seiner Tweets nutzte !!, und auch !!! oder sogar !!!! waren ihm nicht fremd.

Dieser exklamatorische Zwang blieb nicht unbemerkt: Die *Washington Post* etwa schrieb im Juli 2016, wenn dies nicht der gewählte Kandidat der Republikanischen Partei wäre, würden seine Worte aussehen, als stünde jemand »kurz vor einem Nervenzusammenbruch oder einem tief religiösen Erwachen«. Die *Vogue* bezeichnete Trumps Tweets als »die Signatur eines verrückten Phrasendreschers«, eines »von Missgunst beherrschten Schlaflosen, der sich so sehr an die erhöhte Lautstärke seiner eigenen Gedanken gewöhnt hat, dass er nur noch das hört, was in seinem Schädel vor sich geht«. Ist dies eine faire Bewertung des ehemaligen Präsidenten und seiner Interpunktionsgewohnheiten? Oder handelt es sich lediglich um die üblichen Diffamierungen, die sich im Grunde gegen das ! und jene richten, die tapfer das Ausrufezeichen in ihre Handys tippen.

Fragt sich also, wie genau Trump das Ausrufezeichen einsetzt, dessen Anzahl unbestreitbar hoch ausfällt. NBC News analysierte Trumps Wörter sowohl in positiven wie negativen Tweets aus dem Jahr 2016 sowie den Inhalt jener Tweets, die ! enthalten. Das Ergebnis: ! tauchen bei der Ankündigung von Veranstaltungen (zum Beispiel einer Kundgebung), aber auch bei Entlassungen und Urteilen über Personen, Institutionen oder Ideen auf. NBC erstellte darüber hinaus eine Wortkarte Trumps, in der man Worte des Staunens oder der Bewunderung mit der Lupe suchen muss. Außer vielleicht »Wow!«, das aber in der Wortkarte deutlich kleiner erscheint als das selbstbezogene »Me!« und »Enjoy!« – zwischen Februar 2016 und Februar 2017 Trumps häufigstes Wort-Ausrufezeichen-Paar, das vor allem Tweets über eigene Sendezeiten begleitete.

Die Website für Wirtschaftsnachrichten Quartz wies auf Trumps Gewohnheit hin, Tweets mit ein bis zwei Wörtern plus ! abzuschließen. An erster Stelle steht »Enjoy!«, gefolgt von einem fröhlichen »Thank you!« und einem weniger freundlichen, aber charakteristischen »Sad!«. Es folgen »Nice!« und »Very nice!« (#4 und #7), »Terrible!« (#9), »So sad!« (#13) und »So true!« (#15).

Starke emotionale Wörter dominieren die Liste mit moralischen Urteilen (»Eine Schande!«), Verstärkern (»Sehr unfair!«) und autoritären Befehlen (»Entschuldigen Sie sich!«). Es scheint, als habe Trump die Studie von van den Bos über die Wirkung des Ausrufezeichens

Trumps Wortkarte, aufgezeichnet von NBC News 2016.

auf unsere Wachsamkeit intuitiv verstanden und würde dessen manipulative Kraft geschickt einsetzen.

! versetzt uns in kognitive Alarmbereitschaft, und das ist in einer real beunruhigenden Situation eine gesunde Reaktion. Problematisch wird es jedoch, wenn einem das Ausrufezeichen andauernd in Hetzreden auf dem Bildschirm begegnet.

Erscheint ein ! in unangemessenen Situationen, verstärkt es das Gefühl der Dringlichkeit und trägt zu einer übermäßigen Polarisierung der Gesellschaft bei. Ob gerechtfertigt oder nicht, republikanische Wähler berichteten von einer erhöhten Angst um ihr Leben und ihre Sicherheit – von diffusen beklemmenden Vorstellungen, die durch Trumps Rhetorik und seiner !-Tendenz weiter genährt wurden.

Es hat Trump geholfen, die digitale Sphäre, über die er eine noch nie da gewesene Anzahl von Menschen erreichte, mit Streit und Überreizung zu überfluten. In dieser Atmosphäre baute er ein kumpelhaftes Verhältnis zu seinen Anhängern auf, indem er die etablierten Kommunikationskanäle umging und zum Sprachrohr derjenigen wurde, die sich von etablierten Berufspolitikern ignoriert fühlten. Im weitgehend gesetzlosen Paralleluniversum des Internets werden klare Definitionen losgelöst, um ungestört durch die trüben Gewässer subjektiv gefärbter Bedeutungen zu segeln. Schimpfwörter wie »Lügenpresse« und »alternative Fakten« sind plötzlich in aller Munde, und sie erlangen durch die Magie des Ausrufezeichens eine ungeahnte Glaubwürdigkeit.

Eine Studie der Southern Connecticut State University aus dem Jahr 2006 untersuchte die Funktion von ! in mehreren Nachrichtengruppen und fand heraus, dass Nutzer das Zeichen einsetzen, um angebliche Tatsachenbehauptungen zu bekräftigen – also Behauptungen, die eigentlich

»Meinungen sind, die aber als Tatsachen ausgegeben werden«. Ein Siegeszug gefühlter Wahrheiten. Trumps Twitter hat das ! zum Knecht des Zwiespalts, des Stress und einer postfaktischen Dystopie gemacht. Doch das ! wird sich gegen diesen Missbrauch zur Wehr setzen.

– !!! –

Seit der Gründung von Twitter 2006 wurde das Unternehmen von Einzelpersonen, Institutionen und Regierungen immer wieder dazu aufgefordert, eine Art Regelwerk zur Etikette einzuführen, die festlegt, was gesagt werden darf und was nicht. Der öffentliche Druck nahm zu, als die Kandidatur und Präsidentschaft Donald Trumps deutlich machten, wie wichtig die Einführung solcher Grundregeln ist. Twitter wehrte sich lange Zeit gegen den Vorwurf, das Unternehmen toleriere Trumps aufrührerische Hasstiraden, und argumentierte, seine Posts hätten »Nachrichtenwert«. Im Vorfeld der Wahlen von 2020 und angesichts der Flut an Falschinformationen über die Pandemie musste sich Twitter eines Besseren besinnen und bediente sich des !, um sich und seine Plattform zu rehabilitieren. Im Mai 2020 führte es ein eingekreistes Ausrufezeichen ein, um mögliche (oder wahrscheinliche) Fehlinformationen als solche zu kennzeichnen. Wer auf den Warnhinweis klickte, konnte Twitters Einschätzung der jeweiligen Situation lesen.

Gegen Ende des Jahres, als Trump um eine zweite Amtszeit als Präsident kämpfte, spitzte sich die Situation zu. In seinen Tweets hatte Trump begonnen, ohne irgendwelche Beweise zu behaupten, dass die Wahlen manipuliert werden würden. Twitter bot seinen Nutzern das eingekreiste !, »um an die Fakten zu gelangen«. Und dann, nachdem Trump die Wahl verloren hatte und die Amtseinführung Bidens näher rückte, sollte das ! Trumps Niedergang noch beschleunigen. Die Nachrichten eines schlechten Verlierers ermutigten etwa 80.000 seiner Anhänger, sich am 6. Januar 2021 in Washington zu versammeln. Kurze Zeit nach Beginn der Rede stürmten mindestens 2000 Randalierer das Herz der amerikanischen Politik, das Kapitol. Zwei Tage später, am 8. Januar postete Trump das Versprechen, dass die »75.000.000 großartigen amerikanischen Patrioten, die für mich, für AMERICA FIRST und MAKE AMERICA GREAT AGAIN gestimmt haben, noch bis weit in die Zukunft eine GIGANTISCHE STIMME haben werden. Sie werden nicht respektlos oder in irgendeiner Weise unfair behandelt!!!«. Es ist leicht nachzuvollziehen, wie der Funke angesichts des dreifachen Ausrufezeichens überspringt und die Stimmung noch weiter aufheizt, insbesondere da Trumps nächster Post seine Anhänger darüber informiert, dass der scheidende Präsident die Amtseinführung seines Nachfolgers boykottieren wird. Nach der Katastrophe im Kapitol entschied sich Twitter, seinem berühmtesten Nutzer den Stecker zu ziehen und suspendierte Trumps Account, bis Tech-Mogul Elon Musk die Plattform im Jahr 2022 übernahm und Trumps Kanal wieder freischaltete.

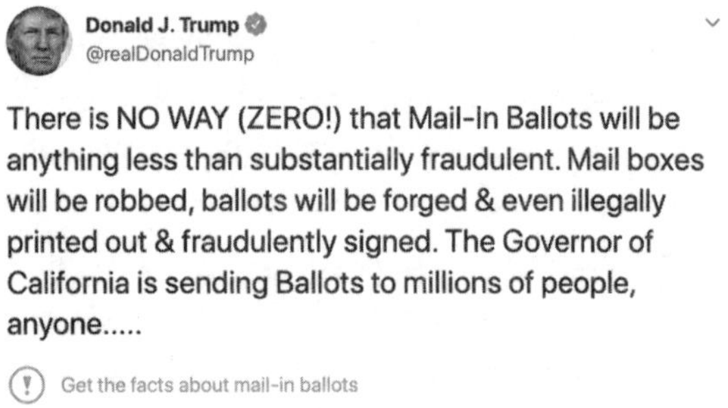

Twitter setzt endlich ein Ausrufezeichen.

Während Donald Trump seine Vorliebe für ! auf seine eigene Plattform Truth Social mitnahm, ist das Ausrufezeichen für immer (oder zumindest für den Augenblick) durch die Assoziation mit Trump befleckt: Online-Autorinnen wie Julia Felsenthal fragen sich, ob sie es weiter verwenden dürfen oder je seine jüngste Vergangenheit vergessen können, schließlich sei es das »interpunktionale Äquivalent zum Mansplaining«. Seine vormals »verspielte Silhouette« sei »aggressiv phallisch« geworden. Müssen wir uns also mit seiner schuldigen Existenz als Dick-Pic des geschriebenen Wortes abfinden oder können wir es von seinem Missbrauch erlösen? Gebt dem ! seine Unschuld zurück. Let's make the ! great again!

Eine Möglichkeit, das Ausrufezeichen wieder salonfähig zu machen, ist es, es zum Aufregezeichen zu befördern: Die Kombination !!11! kann an Social Media Postings gehängt werden, um die Aussage ironisch umzudrehen. Zum Beispiel meint »Scheiß auf Klimapolitik !!11!« eigentlich das Gegenteil.

Natürlich ist Trump auch nicht der Einzige, der es mit Ausrufezeichen übertreibt: Die Wiederholung von Symbolen ist ein wesentlicher Bestandteil der digitalen Kommunikation. »Yassssss«, »Shiiiiiit«, »hahahahahaha«, 😂😂😂😂😂😂, !!!!!!!!!! sind in der Welt einer hochtrabenden Internetsprache weit verbreitet. Ein einfaches »Argh« ist nicht mehr genug. Es muss »Argggh« oder »Arggggggh« sein. Wir müssen eskalieren und unsere Worte oder Buchstaben immer weiter aufblähen, um unsere Botschaften in nahezu absurde Längen zu ziehen. Es ist bemerkenswert, dass die Wörter oder Zeichen, mit denen wir noch einen Zahn zulegen, in der Regel emotionale Geräusche oder soziale Interaktionen der Zustimmung oder Ablehnung sind. Die zwanzig meistbenutzten Wörter auf Twitter, darunter *ah*, *yeah*, *wow*, *really*, *ugh*, *oh*, *love*, *good*, *crazy*, *hey*, *please*, *shit*, *damn*, *mad* und *yay*, bestätigen diese Zunahme an Emotion in der digitalen Welt. Ist dieser ganze textliche Erguss ein Symptom für die Degeneration der Sprache im World Wide Web? Oder steckt hinter dem ganzen Lärm eine Logik?

Natürlich gibt es eine Logik, und sie befindet sich im Herzen unseres Menschseins. Wir sind zutiefst soziale Wesen und verfügen als solche über bemerkenswert feine Antennen, mit denen wir zwischenmenschliche Informationen senden, empfangen und interpretieren. Im Vergleich zu einem Gespräch von Angesicht zu Angesicht mag eine computervermittelte Kommunikation künstlich und isolierend erscheinen – man muss nur einmal von seinem Handy aufblicken und sehen, wie die anderen Mitreisenden im Zugabteil auf ihre eigenen starren –, dennoch ist sie ein Werkzeug der Verbindung. Digitale Medien sind auf soziale Kontakte ausgelegt. So gesehen benötigen wir eine Soziologie der Internetsprache, wenn es darum geht, unsere Beziehungen zu erhalten und zu pflegen, manchmal mehr, manchmal weniger friedlich (man denke an Trolle in den sozialen Medien). Milliarden von Menschen sind heute nur einen Mausklick voneinander entfernt, und doch verhalten wir uns im Wesentlichen immer noch so, als lebten wir in kleinen Sippen, mit allen positiven und negativen Begleiterscheinungen.

Das Internet ist im Grunde genommen eine einzige riesige Lästerküche, ein Marktplatz aller möglichen Stimmen. Wir wollen miteinander reden, reden, reden, doch müssen wir zu diesem Zweck schreiben. »Chatten« hat seinen schriftlichen Ausdruck in Form eines (angeblich) in Echtzeit stattfindenden Hin und Her von (angeblich) spontanen Reaktionen gefunden. Internettext ist Digi-Talk. Er ist in gewissem Sinn mündlich geschrieben, obwohl wir wollen, dass er wie ein richtiges Gespräch funktioniert. Wenn wir tippen, statt zu sprechen, wird es immer eine Zeitverschiebung geben, und sei sie auch noch so klein; wir können immer zurückgehen und löschen, was wir geschrieben haben, bevor wir auf »Senden« klicken. Tippen ist Denken, Senden ist Reden. Diese aufeinanderfolgenden Wechsel kommen im wirklichen Leben nicht vor. In einem echten Gespräch erhalten wir ständig Rückmeldungen von unserem Gegenüber in Form von Haltung, Nicken oder Brummen. Es ermutigt uns, unser eigenes Sprechen und Verhalten im Verlauf des Gesprächs der Situation entsprechend anzupassen. Im Verlauf eines Digitalgesprächs ist dies nicht so.

Zwischen einem Vieraugengespräch und einer Daumen-zu-Daumen-Unterhaltung wird es immer einen Unterschied geben, der uns stört. Bei dem Versuch, diese Kluft zu überwinden, haben wir Strategien entwickelt, um Ähnlichkeiten mit echten Gesprächen herzustellen, wir haben ein eigenes Genre des »als ob« geschaffen. Es gibt ein unausgesprochenes Einverständnis, dass vervielfachte Buchhstabbennnn, GROSSBUCHSTABEN, klene Rchtschrbfehler und lodkjavb (Buchstabensalat) Spontaneität ausdrücken, dass sie das »Sprechen wortwörtlich aufzeichnen«, wie die Internetlinguistin Gretchen McCulloch behauptet. Textliche Abweichungen wie !!!!!!! gewinnen an Akzeptanz, weil sie als Marker für Improvisation stehen. McCulloch selbst bemerkt jedoch auch, dass wir unsere scheinbar ungefilterten Textprodukte vor dem Absenden noch anpassen und etwa einige Buchstaben durch andere ersetzen, weil uns das Aussehen der spontanen Abfolge nicht gefällt. Wir können nicht anders, wir müssen uns selbst redigieren.

Zumindest jeder Texter wird zu seinem eigenen Lektor. Anders als eine professionelle Textproduktion ist das Schreiben im Internet instabil, es ist grenzenlos und in einem ständigen Fluss. Niemand ist für die Instandhaltung des Internets zuständig. Bloggen, Tweets verfassen, kommentieren, den Facebook-Status ändern, digitale Privatnachrichten verschicken: Milliarden von Nutzern schaffen sich ihre eigenen, sich ständig verändernden Konventionen durch die Teilnahme am größten kollektiven Experiment, das die Menschheit je durchgeführt hat. Das Internet ist volkstümlich, demokratisch, chaotisch, informell – und auch ohne Mund geschwätzig. Das Internet hat keinen Körper. Und genau das ist das Problem.

– !!! –

In einem Sketch aus dem Jahr 1970 schlug der dänische Komiker Victor Borge eine »phonetische Zeichensetzung« vor, die Übersetzung von Satzzeichen in Töne, während wir einen Text laut lesen. Diese Töne sind in ihrer kehligen, zungenbrechenden, unsinnigen Qualität auf komische Weise physisch. Der Punkt entspricht einem furzähnlichen »pbbbt« der Lippen, das Ausrufezeichen einem »pbbbt«, dem ein pfeifender Seufzer vorangeht (»fffsss«), um den vertikalen Strich über dem Punkt anzuzeigen. Und nicht nur Borges Stimme verleiht den inhaltsleeren Zeichen Töne, auch seine Hände und sein Gesicht sind beteiligt. Wenn er die Luft mit dem Zeigefinger durchsticht, betont er das »pbbbt«, eine unsichtbare Linie nach unten begleitet »fffsss«, bis der Stoß von »pbbbt« ihr Einhalt gebietet.

Victor Borge hat einen ernst zu nehmenden Punkt.

Borges Sketch ist lustig und albern, aber er hat ein ziemlich ernstes Anliegen: Die Interpunktion – und die Schrift im Allgemeinen – erreicht den Leser als körperlose Bedeutung und ist als solche äußerst anfällig für Fehlinterpretationen. Ohne Stimme fällt es uns schwer, den Ton des Gesagten zu erraten. Ohne Gesichter oder Gesten haben wir Schwierigkeiten, die beabsichtigten Gefühle zu identifizieren. Genau deshalb wurde die Interpunktion erfunden: um die textliche Mehrdeutigkeit weniger mehrdeutig zu machen. Digitales Schreiben ist ein Sonderfall, an den wir uns immer noch gewöhnen müssen. Ihm fehlt die erfahrungsbezogene Dimension, zu der es gehört, dasselbe Papier zu berühren wie diejenigen, die einen Brief geschrieben haben, ihre Handschrift und andere menschliche Spuren zu erkennen, wie etwa durchgestrichene Fehler, Tintenkleckse oder vehemente Unterstreichungen, die Hinweise auf den Gemütszustand der Schreibenden und ihrer menschlichen Anwesenheit geben.

Studien haben gezeigt, dass wir soziale Informationen aus digitalen Texten weniger leicht aufnehmen als aus handgeschriebenen. In einem der Tests wurde den Teilnehmern ein kurzer schriftlicher Austausch vorgelegt, der auf gewöhnlichen Alltagssituationen beruhte (»Hattest Du heute Abend gern Pizza?«), mitsamt kurzen Ein- oder Zweiwortantworten, die teils auf einen Punkt enden, teils nicht (»Nein« oder »Nein.«) Textnachrichten mit Punkt wurden als weniger aufrichtig, enthusiastisch oder warmherzig aufgefasst, zum Teil sogar als passiv-aggressiv. Bei handgeschriebenen Antworten war dies nicht der Fall. Wir erwarten in einem informellen Medium wie SMS keinen Punkt am Ende des Satzes. Wenn sich also jemand die Mühe macht, tatsächlich einen Punkt zu setzen, erschrecken wir und beginnen, in den zusätzlichen Aufwand unlautere Absichten hineinzulesen und negative Untertöne zu vermuten.

In der Handschrift gibt es etwas, das uns selbst in den Text einschreibt. Wir sind anwesend. Wir haben auf einem greifbaren Gegenstand, den wir in Händen hatten und der jetzt vom Leser gehalten wird, Spuren hinterlassen. Digitales Sprechen hingegen ist eine extreme Form der Entkörperung, es reduziert die Gesamtheit unseres beseelten Selbst auf künstliche Symbole, die in ihrer substanzlosen Existenz, als Kombination elektrischer Impulse in der Zahlensuppe des digitalen Äthers, dahinschweben.

Augenrollende Emojis. Samsung wirkt etwas verwirrt.

Diese Entkörperung macht uns Sorgen. Wir hinterfragen unseren und den Ton der anderen. Wie werden wir verstanden? Wie können wir die anderen verstehen, ohne ihre Augen zu sehen, wenn sie über unsere Witze lachen? Stimme, gestikulierende Hände und Fältchen um den Mund sind keine bloßen Beigaben zur Kommunikation. Sie zählen zu ihren wesentlichen Bestandteilen. Und so greifen wir nach dem ganzen Zeug, das die Wörter umgibt, um auf grafische Weise zu ergründen, was wir körperlich fühlen, und um diese Gefühle in als Text versendbare Objekte zu übersetzen: Wir verwenden Interpunktionszeichen, um ein Gefühl auszudrücken (niemand würde !!!!!!!! als Gleichmut missverstehen), oder Bilder wie Gifs oder Emojis, um Stimmungen, Absichten, kleine Zusammenfassungen oder Kommentare zu unseren Worten zu transportieren. Wenn ich eine Gute-Nacht-SMS verschicke, hänge ich vielleicht ein Mond- oder Stern-Emoji an. Und doch sind wir nie zufrieden. Wie soll man den plötzlichen, ehrlichen Ausbruch eines dröhnenden Lachens erfassen? Wir müssen »haha« zu »hahahahahaha!!!« aufblasen, wir versuchen es mit »lol«, »rofl«, dem Tränen-lachen-Emoji oder deskriptiven Phrasen wie »ich schmeiße mich gerade weg vor Lachen«. Wir werden es weiter versuchen, weil wir uns nach Gesprächen verzehren.

Wenn wir nicht auf die korrekte Anzahl der Zeichen achten und einfache Tastaturtechniken verwenden, erzeugen wir sowohl einen Minimalismus (das Fehlen von Absätzen oder Punkten, sogar von Wörtern), als auch einen Maximalismus (mühelose, kaugummiartige Verlängerung von Buchstaben, Zeichen und Bildern). Unter all diesen Marktschreiern der Gefühle, Töne und Gesten sticht das Ausrufezeichen hervor, weil es auf allen Geräten existiert. Auf dem Handy kann man zwar nicht unterstreichen, aber das Aussehen eines Wortes verändern. Die Emoji-Liste aufzurufen und sie durchzuklicken ist auf dem Laptop mühsam, auf dem Smartphone dagegen ein Kinderspiel. Doch aus der Fülle von Emojis genau das richtige herauszusuchen, unterbricht die Spontaneität der Worte und Gefühle; sie als Leser zu identifizieren ist noch schwieriger und bringt den digital herbeigeführten Fluss zum Erliegen. Von allen Symbolen ist das ! das Zugänglichste und Vielseitigste, das Erkennbarste und Ikonischste.

– !!! –

Vielleicht liegt es daran, dass das ! so ungeniert auftritt und für sich einsteht, dass Menschen es als Kennzeichen einer unerwünschten Erregung, einer emotionalen Übertreibung wahrnehmen – und damit unvermeidlich als weiblich. Als die *Washington Post* etwa zuerst Trumps !-Verhalten bemerkte, leitete sie ihre Beobachtung mit den Worten »Diese Puppe muss sich beruhigen« ein. Selbst angeblich neutrale Wissenschaftler können nicht anders, als ihre Vorurteile offenzulegen, wenn es um die

Erforschung geschlechtsspezifischer Sprachgewohnheiten geht. Etablierte Linguisten wie Robin Lakoff werten Bestätigungsfragen (»nicht wahr?«) und Upspeak (das Beenden eines Aussagesatzes in hoher Tonlage) als Zeichen mangelnden Selbstvertrauens. Und zwar nicht, weil es für diesen Mangel Belege gäbe, sondern, weil Frauen dazu neigen, diese Sprechgewohnheiten öfter zu verwenden als Männer. Tatsächlich haben Studien gezeigt, dass Bestätigungsfragende und Hochsprechende oft Machtpositionen einnehmen und dass viele von ihnen Männer sind. Diese Sprechgewohnheiten sind weniger geschlechtsspezifisch als angenommen und zeugen sicher nicht von Unsicherheit. Zuallererst verwenden Sprecher Bestätigungsfragen und Upspeak aus Gründen der Einbeziehung und Höflichkeit. Sie stellen Formen der linguistischen Umarmung dar. Und gleiches gilt für das !.

In einer Studie aus dem Jahr 2006 zum Gebrauch von Ausrufezeichen auf zwei Online-Plattformen fand die Linguistin Carol Waseleski heraus, dass es in 73 Prozent der 1700 untersuchten Posts Frauen waren, die das Ausrufezeichen verwendeten, das sind fast dreimal so viele wie Männer (27 Prozent), womit sie die Annahme bestätigte, dass es sich beim ! um ein Kennzeichen weiblichen Online-Schreibens handelt. Doch dies lag nicht daran, dass Frauen erregbarer sind. Von allen !-Botschaften fielen 32 Prozent in die Kategorie »freundlich« – zum Beispiel »Hallo zusammen!«, »Ich hoffe das hilft weiter!«, »Bis dahin!«

oder »Glückwunsch!«. Zwei Drittel dieser freundlichen Beiträge hatten Frauen geschrieben. Nur 9 Prozent der Texte mit Ausrufezeichen zeigten starke Emotionen wie Überschwänglichkeit (»Vielen, vielen Dank!), Häme (»Na großartig!) und Aggression (»Du blöder Idiot!«). Diese wenigen emotionalen Posts stammten je zur Hälfte von Frauen und Männern.

Es ist ein Mythos, dass ein ! sich nur an starke Emotionen heftet, und es ist ein Mythos, dass starke Gefühle beim Schreiben Frauen vorbehalten sind. Eher neigen Frauen online aus denselben Gründen zu Ausrufen, aus denen sie im echten Leben Bestätigungsfragen stellen und Upspeak betreiben: um eine freundliche Umgebung zu schaffen und unterstützende Beziehungen aufzubauen. »Hallo, willkommen!« ist freundlicher als »Hallo, willkommen.«, insbesondere im körperlosen Reich des Cyberspace, wo alles, was uns repräsentieren soll, aus maschinell erzeugten Schnörkeln besteht.

Der digitalen Kommunikation fehlt es an Präsenz, deshalb verwenden wir Ausrufezeichen, um unseren Tonfall zu beeinflussen und den nötigen gesellschaftlichen Kitt beizusteuern. Kurz nachdem Waseleskis Studie der Öffentlichkeit zugänglich gemacht wurde, zirkulierten Nachrichten über eine neue Gmail-Funktion, ein »Emotions-Add-On«: Bei Klick auf einen Button sollte das System E-Mails mit ! oder !! oder !!! besprenkeln, wo vorher nur Punkte waren. Glücklicherweise (oder nicht?) stellte sich das Ganze als Scherz heraus, der Waseleskis Forschungen aufgriff, um auf die geschlechtsspezifische Wahrnehmung schriftlicher Kommunikation und die wichtige, wenngleich unterschätzte Pflege des sozialen Zusammenhalts und der Verbundenheit, die von Frauen ausgeht, aufmerksam zu machen.

– !!! –

Das ! macht aus dem Internet einen wärmeren, persönlicheren Ort der Zugehörigkeit und strukturiert unsere visuelle Wahrnehmung dieses Ortes. Im Jahr 2001, als das World Wide Web die ersten Schritte in Richtung Massenmedium unternahm, veröffentlichte das Beratungsunternehmen NNgroup Richtlinien für benutzerfreundliche Homepages und schlug vor, ! unter allen Umständen zu meiden (»chaotisch und laut – Schreien Sie Ihre User nicht an«). Die NNgroup gab zu, dass das Ausrufezeichen wichtige Dinge anzeigt, doch wenn es auf diese Weise genutzt werde, würde dies eine Flut von ! auslösen, »weil alle Elemente einer Website von großer Wichtigkeit sein sollten«.

Das Internet ist eine bestimmte Form des Bewusstseins, das uns auf eine bestimmte Weise beeinflusst. Wir haben uns daran gewöhnt, aber wir finden weiterhin Neues heraus, während wir uns in ihm bewegen. Wir haben unsere erprobten und vertrauten Lese- und Schreibgewohnheiten importiert, und wir entwickeln internetspezifische Arten der Auseinandersetzung mit Texten – und miteinander. Einige dieser Auseinandersetzungen geben Grund zur Sorge. Andere überwinden die räumliche Trennung. Das Ausrufezeichen ist in beiden Lagern vertreten, es trägt zu Spaltung und Gemeinschaft bei, genauso, wie seine Form sowohl den Kreis als auch die Linie enthält, das Eckige und Runde, die Konzentration und die Expansion. Ein elektronischer Schrei, eine Überraschung auf Papier, eine Bewunderung, die in unseren Zwerchfellen explodiert, die Zellen unserer Stimmbänder vermehrt und sich auf unseren Lippen entlädt – am Ausruf gibt es nichts grundsätzlich Gutes oder Schlechtes.

Das ! ist, was wir aus ihm machen.

EPILOG

Quo vadis!

Im Jahr 2001 – lange bevor die Menschen ihr Privatleben in den öffentlichen Raum der sozialen Medien verlagerten – sagte Professorin Naomi Baron die Zukunft der Interpunktion voraus. Sie unterschied drei mögliche Szenarien: dass »die Interpunktion zunehmend zu einem Handlanger der informellen Sprache wird, da sie sich an den neuesten Trends orientiert« (also dem Internet, das Baron nur einmal erwähnt); dass Interpunktion sich von der Darstellung der mündlichen Rede lösen und lediglich die syntaktische Struktur der Schriftsprache markieren wird, oder dass »die Satzzeichen ihre jahrhundertealte Schizophrenie weiterpflegen« und weiterhin Grammatik und Rhetorik beherrschen werden.

Baron ist eine begnadete Linguistin, doch konnte weder sie noch irgendjemand den Einfluss digitaler Kommunikation auf unser Leben und also auch auf unsere Interpunktion vorhersehen. Seltsamerweise haben sich alle drei Annahmen bewahrheitet. Mit den sozialen Medien und Textnachrichten in Echtzeit haben wir uns der Illusion hingegeben, dass wir sprechen, wenn wir schreiben. Anpassungsfähig, wie sie ist, hat die Interpunktion dieses Spiel mitgespielt, um zu überleben. Sie hat sich in Emoticons und subtile Stimmungsanzeiger verwandelt, die eine ähnliche Funktion erfüllen wie der entsprechende Tonfall (dieser Punkt in einem schnell hingeschriebenen Text, der einem mitteilt, dass der Absender womöglich verstimmt ist). Auch dort, wo sie die Stimme in die elektronische Kommunikation einzubinden vermag, hat die Zeichensetzung sich auf die Markierung der Grammatik verlegt und einen Teil ihrer Fähigkeit, uns über Gefühle zu informieren, an Emojis delegiert.

Abgesehen von diesen beiden scheinbar gegensätzlichen Dynamiken, denen die Interpunktion in der digitalen Welt unterworfen ist (Interpunktion, die grammatische Strukturen verdeutlicht, und Interpunktion, die auf Sprechpausen abhebt), hat sich auch Barons dritte Annahme als richtig erwiesen: Alles bleibt beim Alten. Der Mensch ist ein Gewohnheitstier, und statt eine völlig neue Form der Kommunikation zu erfinden, hat er seine alten Schreibgewohnheiten weitgehend in die elektronische Sphäre übertragen. Das Internet ist nichts anderes als eine Erneuerung dessen, was wir bereits haben und tun, es ist nur viel schneller. Die wahre Revolution ereignete sich vor 7000 Jahren in Mesopotamien, als willkürliche Kritzeleien auf Tontafeln willkürliche Klänge repräsentierten, die auf echte Dinge da draußen in der Welt verwiesen. Wir verbessern diesen gewaltigen Geniestreich nur minimal. Die Dinge können sich noch so viel ändern, sie bleiben doch immer gleich.

– !!! –

Die Erforschung der Interpunktion ist noch nicht an ihrem Ende angelangt. Progressive Punctuation, ein von Interpunktions-Fans gegründetes Typografie-Kollektiv, will unser gegenwärtiges Repertoire erweitern, um dem elektronischen Schreiben mehr Nuancen zu verleihen. Das Ziel lautet, »Missverständnisse und Fehlinterpretationen ein für alle Mal zu überwinden«. Liebe, Zweifel, Autorität und (natürlich) Ironie erhalten jeweils ein eigenes Zeichen. Doch schlägt die selbsternannte »Bewegung« keine komplett neuen Zeichen vor, sondern empfiehlt, dass wir zu bereits existierenden Interpunktionsexperimenten wie dem berüchtigten Interrobang zurückkehren.

Doch gibt es auch von Satzzeichen besessene Designer, die völlig neue Zeichen entwickeln. Der französische Typograph Thierry Fétiveau etwa hat elf »Gefühlszeichen« entwickelt, passend zu einer neuen, nach dem dänischen Märchenschriftsteller Hans Christian Andersen benannten Schriftart Andersen. Bevor Fétiveau Designer wurde, arbeitete er an einer Schule, wo ihm auffiel, wie schwierig es ist, Kindern laut vorzulesen und gleichzeitig die Gefühle, die eine Erzählung verlangt, auf engagierte und angemessene

PERPIGNAN
MÉDITERRANÉE
tourisme

MATIN

	L	Ma	Me	J	V	S	D
VILLAGE : Place de la République							
COUDALÈRE : Place de la Martinique		☀					
GRANDE PLAGE : Parking Résidence Argonautes	☀			☀			
PORT DE PÊCHE : Étal à poissons - Quai des pêcheurs	●	●	●	●	●	●	●

SANTE MARIE LA MER

	L	Ma	Me	J	V	S	D
VILLAGE : Place du Village						●	
PLAGE : Baladoir Agora		☀		☀		●	

TORREILLES

	L	Ma	Me	J	V	S	D
VILLAGE : Place des souvenirs d'enfance		●			●		

L : Monday, Montag, Dilluns, Lunes - **Ma** : Tuesday, Dienstag, Dimarts, Martes **Me** : Wednesday, Mittwoch, Dimecres, Miércoles - **J** : Thursday, Donnerstag, Dijous, Jueves - **V** : Friday, Freitag, Divendres, Viernes - **S** : Saturday, Samstag, Dissabte, Sábado - **D** : Sunday, Sonntag, Diumenge, Domingo

☀ = en saison / in season / en temporada / in der Saison / a l'estiu

= Marché de Producteurs / Producer market / Mercat del granger / Bauernmarkt / Mercado de agricultores

Matin : in the morning / morgens / en la mañana / Pel matí - **Journée** : All the day / Ganzen Tag / todo el día / tot el dia
Nocturne : Evening / am Abend / de noche / a la tarda

Eine Auswahl »nicht-standardisierter Satzzeichen«, die wir laut progressivepunctuation.com »heute verwenden sollten«.

Weise darzustellen. Während er Kinderbücher nach den häufigsten Gefühlen wie Zorn, Abscheu, Traurigkeit, Verzweiflung und Freude durchforstete, entwickelte Fétiveau neue Zeichen, die er an den Anfang und das Ende der Passage setzte, auf die sie sich bezogen. Auf diese Weise bereitete er Vorleser auf ihren emotionalen Einsatz vor. Alle seine »Gefühlszeichen« zeichnet ein zentraler Punkt auf der Grundlinie aus, die meisten ähneln einer animierten, zitternden Zickzack-Version des Ausrufezeichens –

angesichts der Hauptaufgabe des !, Gefühle anzuzeigen, kein allzu überraschendes Vorbild.

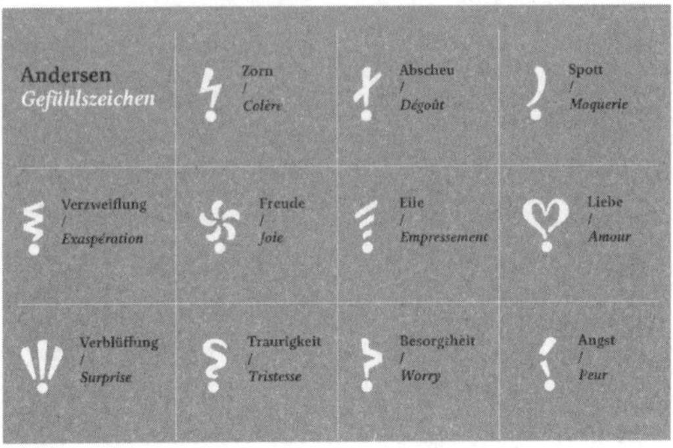

»Gefühlszeichen« Andersen von Thierry Fétiveau, 2018.

Der österreichische Designer Walter Bohatsch hat in seinem Buch *Typojis* dreißig neue Zeichen vorgestellt, die dazu gedacht sind, Pannen in der Kommunikation zu verhindern. »In unserer Zeit der ›Fake News‹«, so Bohatsch in einem privaten Gespräch, »wird der Klarheit und Eindeutigkeit von Aussagen wieder mehr Bedeutung beigemessen.« Die Zeichensetzung kann uns dabei helfen, das auszudrücken, was wir wirklich meinen, wenn beim Schreiben Tonfall, Mimik und Gestik fehlen. Bohatschs Auswahl der Haltungen, die mithilfe von Zeichen repräsentiert werden sollen, ist interessant: Neben Gefühlen wie Empörung, Verachtung und Enttäuschung enthält sein Set auch eher kognitive Zustände wie Weisheit, Toleranz und Solidarität.

Die Typojis sind nicht so sehr Anweisungen zum Vorlesen, genauso wenig sind sie dazu gedacht, auf Gefühle einzustimmen. Sie sind eher Metakommentare zu dem Text, den sie am Ende eines Satzes im Nachhinein bestimmen. Anders als bei Emojis bleibt die Form der Typojis (getreu ihren interpunktuellen Wurzeln) abstrakt, wenngleich einige durchaus visuelle Verbindungen zum Geistes- oder Gefühlszustand haben, den sie einfangen sollen (»Verführung«, das vierte Zeichen von links in der unteren Zeile, ist angemessen kurvenreich). Das Buch ist ein prächtiges Beispiel kooperativer Kunst, da es Designer, Schriftsteller, Philosophen und Kulturhistoriker zusammen entworfen haben. Und auf der Website findet sich eine interessante animierte Überlagerung aller Zeichen: Bewegt man den Cursor über die elektronisch aufeinandergestapelten Zeichen, taucht aus den Konturen dreißig leerer Formen ein schwarzes Ausrufezeichen auf. Das ! ist die Matrix.

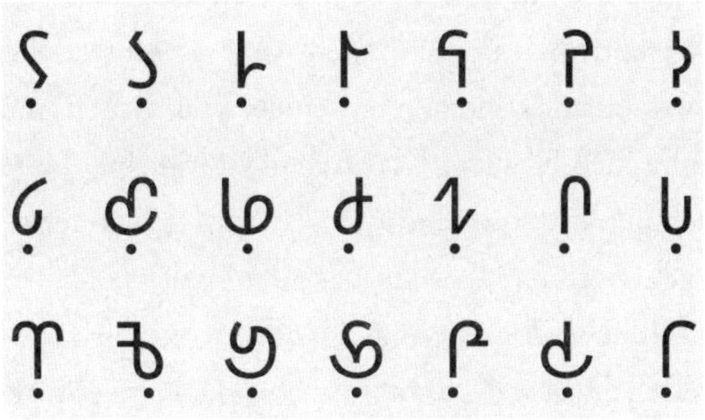

Typojis von Walter Bohatsch, in: Walter Bohatsch: Typojis.
Einige neue Zeichen / A Few More Glyphs.
Verlag Hermann Schmidt: Mainz 2017.

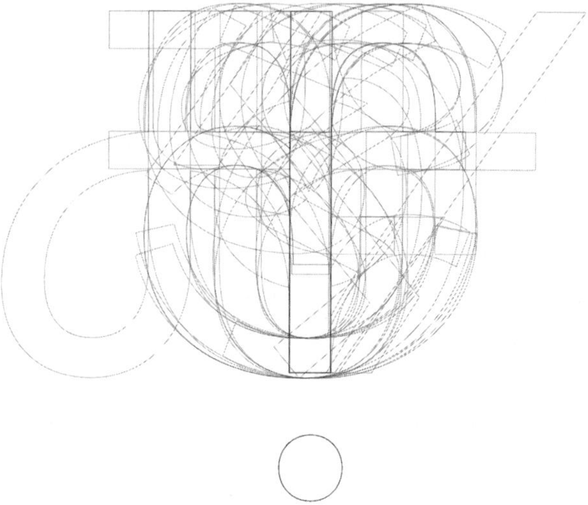

Bohatschs Ausrufezeichen als Matrix.

Zwar verwendet Bohatsch in seiner eigenen Korrespondenz Typojis, dennoch handelt es sich bei seinem Projekt im Wesentlichen um eine nicht ganz so ernste künstlerische Auseinandersetzung mit einem praktischen und philosophischen Problem: Wie treten wir mit einer Person in Beziehung, die abwesend ist? Was wird gewonnen – und was geht verloren –, wenn das »Ich«, das Gedanke, Gefühl, Gesicht, Stimme und Hände ist, in ein kleines in Druckerschwärze gebanntes Zeichen kanalisiert wird, das lediglich eine Repräsentation von mir ist? Neue Versuche in der Interpunktion sind wie alle Formen der Zeichensetzung, die den Menschen über Tausende von Jahren begleitet hat, bewusste, wenngleich immer vergebliche Versuche, das einzufangen, wie wir etwas wirklich meinen – seine Bedeutung genauso zu erfassen, aufzubewahren und zu reproduzieren, wie sie im Kopf oder im Herzen entstanden ist.

Unser Interpunktions-Repertoire hat sich seit fast 300 Jahren nicht verändert. Neue Zeichen, insbesondere solche, die versuchen, eine formresistente Ironie einzufangen und festzuhalten, waren nie besonders willkommen. Es scheint, als seien wir ziemlich zufrieden mit den Zeichen, die wir bereits verwenden, sodass die Zukunft der Interpunktion höchstwahrscheinlich genau in der Dualität liegen wird, von der Naomi Baron spricht – sie wird zwischen grammatikalischer Unterstützung und Stimmenimitation hin- und herpendeln, ohne sich von der einen oder anderen gefangen nehmen zu lassen.

Müssen wir also für immer mit der frustrierenden Situation leben, dass unsere geschriebenen Worte nicht verstanden werden? Sind wir dazu verdammt, in einer Fehlübersetzung von der gesprochenen Sprache in Text zu verharren?

Nein, das müssen wir nicht.

– !!! –

Regeln sind weder gut noch schlecht, das werden sie erst durch unsere Einstellung zu ihnen. Tatsächlich existieren sie, um uns dabei zu helfen, Lebendigkeit zu erfahren, nicht, um sie zu unterdrücken. Grammatikregeln sind weder unendlich noch universell. Sie sind historisch, sie dienen uns zu einer Zeit, in der wir über bestimmte Technologien verfügen, die einen bestimmten Zweck erfüllen. Wir wachsen aus ihnen heraus wie aus Kleidungsstücken und ersetzen sie dann. Aber wir haben weiterhin etwas an, wir sind nicht völlig nackt. Das Ziel ist zwar kein »alles ist erlaubt«, dennoch bedeuten Regeln wenig, wenn sie nicht mit den Absichten derer einhergehen, die sie anwenden. Es wäre töricht, lebendigen linguistischen Realitäten Strukturen aufzuzwingen, die nicht authentisch sind. Eine Person zu bestrafen, weil sie ein ! zu viel benutzt hat, ist historisch falsch und moralisch fragwürdig. Um wessen Regeln geht es eigentlich?

In ihrem Buch *Semicolon* hat Cecelia Watson ein schönes Verständnis von Regeln vorgeschlagen, das uns ermutigt, diese nicht als Schranken des linguistisch (und damit moralisch) Richtigen wahrzunehmen, sondern als »äußere Grenzen von Möglichkeiten«. Sie sind »ein Rahmen, innerhalb dessen man sich bewegt«. Es geht nicht um richtig und falsch, sondern um Effektivität. Um Motive. Darum, Fragen zu stellen. Regeln laden dazu ein, auszuprobieren, wie weit wir sie sinnvoll dehnen können. Können wir uns auf Zehenspitzen an den Rand des Unsinns vorwagen und dennoch zusammen Wissen erlangen? Können wir vielleicht sogar im Überschwang der verbotenen Unmöglichkeiten einen ekstatischen Tanz aufs Parkett legen? Zumindest auf die Zeit, die nötig ist, um einen vertikalen Strich mit einem Punkt darunter zu ziehen.

Ein launiger Artikel aus dem *Boston Daily Globe* von 1901 beschrieb die Zeichensetzung als »eine feine und bescheidene Kunst, die schon lange zu den Unglücksfällen des Menschen zählt. Seit etwa dreihundert Jahren drangsaliert und verwirrt sie ihn mit ihren leisen Widersprüchen, und kein noch so häufiger Gebrauch scheint sie ihm vertrauter zu machen.« Dies ist zwar nicht abzustreiten (man beachte die Fülle an Grammatikbüchern, die es bis heute gibt), und es stimmt auch, dass die Zeichensetzung in absehbarer Zeit nicht verschwinden wird, aber sie ist alles andere als bescheiden. Sie bringt uns dazu, Dinge zu tun und zu fühlen. Sie hat Durchschlagskraft.

»Interpunktion« kommt vom lateinischen *punctum*, »das, was gestochen wurde«, als ob man am Ende eines Satzes mit einem Kugelschreiber kräftig das Papier durchbohren würde. Man stelle sich nun vor, dass dieses Papier im Mittelalter aus Tierhäuten hergestellt wurde. Und nun stelle man sich vor, diese Haut wäre unsere Haut, unser Trommelfell, unsere Netzhaut, unser Nervensystem. Ein wohlgesetztes Ausrufezeichen durchdringt die zarten Grenzen unseres Seins. Es kann Schmerzen bereiten. Der Philosoph Peter Szendy schlägt vor, die Interpunktion in »Stigmatologie« umzubenennen. Er bezieht sich damit auf das griechische Wort *stigma* für ein Zeichen, ein Tattoo, einen blauen Fleck nach einem zu harten Schlag.

Interpunktion ist Macht, und sie hinterlässt Spuren. Sie rüttelt uns wach und lässt uns die Erfahrungen anderer erfahren. All dies leistet einzig und allein das !. Vielleicht können wir es uns erlauben, uns seiner Alchemie hinzugeben.

Als Walter Bohatsch Autorinnen und Autoren zur Mitarbeit an seinem Projekt einlud, lehnten viele mit der Begründung ab, sie hätten mit den bestehenden Interpunktionszeichen schon genug zu tun. Vielleicht lehnten sie präzisere Werkzeuge auch deshalb ab, weil sie eine unbewusste Freude am Unbestimmten haben. Vielleicht lieben wir die chaotische Mehrdeutigkeit. Vielleicht ziehen wir sie der sauberen, aber kalten Qualität eines mathematisch exakten Wortsinns vor. Interpunktion fordert uns dazu auf, Ängste zuzulassen, und bietet uns die Möglichkeit, uns einem Zustand unangenehmer Verwirrung auszusetzen. Sie erscheint wie die Antithese zur Wissenschaft. Insbesondere die Allgegenwart des Ausrufezeichens, das in den sozialen Medien exzessiv verwendet wird, bestätigt immer aufs Neue das menschliche Bedürfnis, ehrlich zu fühlen. Bohatschs Zeichen können in der Tat als eine Form der Anti-Interpunktion betrachtet werden, da sie das Spiel der Mehrdeutigkeit behindern. Wir brauchen die Interpunktion, um zu fühlen, aber wir wollen nicht zu viel darüber wissen, was genau diese Gefühle ausmacht.

Für den Philosophen Paul Robinson ist das Ausrufezeichen »offensichtlich zu emphatisch, zu kindisch« – nicht an und für sich, sondern eher »für unsere hoch entwickelte Art«. In einem satirischen Essay über »Die Philosophie der Zeichensetzung« (2002) stellt er einen Rückgang von Frage- und Ausrufezeichen in gedruckten Texten fest, ein Trend, der verrät, wie weit wir uns von »einem eindeutig unmodernen Sinn für Wissbegierde und Staunen« entfernt haben. Stattdessen konstatiert er eine übermäßige Zunahme von Semikolons und Punkten, die auf »eine Fähigkeit zu komplexen, dialektischen Formulierungen schließen lässt, die unserer ebenso komplexen Zeit entspricht«. Das aber ist kein Lob. Ganz im Gegenteil – eine solche Verkopftheit trennt uns von unserer geerdeten Menschlichkeit, die in unserer Fähigkeit begründet ist, Körper, sowohl Geist als auch Materie zu sein. Robinson schlägt vor, unsere »emotionalen Reaktionen« auf Wörter und Satzzeichen als solche anzuerkennen, und lädt uns ein, für jedes einzelne Zeichen nicht eine Reihe von Regeln, sondern »eine Reihe von Gefühlen« zu entwickeln.

Dieses Buch ist eine solche Einladung, sich auf diese rätselhaften, mächtigen und spielerischen Formen einzustellen. Kann die Interpunktion Probleme der (Fehl-)Interpretation in Texten lösen? Kann das Ausrufezeichen die Welt retten? Vielleicht kann es das, vielleicht muss es das aber auch gar nicht. Vielleicht reicht es, wenn ein ! das tut, wofür es erfunden wurde: sich der Bewunderung zu verschreiben; uns Wunder zu zeigen.

Danke!

Ein großer Dank geht an meine Lektorin Cecily Gayford bei Profile Books, die das Potenzial dieses Projekts vor mir erkannt hat, an Mark Ellingham und Jonathan Buckley, die aus dem Text ein Buch geformt haben. Herzlichen Dank auch an meinen Agenten Max Edwards für seine unermüdliche Unterstützung, seinen Humor und seine Freundlichkeit.

Dieses Buch ist einer der Zweige des großen alten Baumes der Interpunktion, den ich seit mehr als einem Jahrzehnt auf die eine oder andere Weise mitpflege. Alles begann mit Sidneys Klammern und einer Doktorarbeit, die ich zwar nicht schrieb, die mich aber mit diesen kleinen Halbmonden verband. Ich danke meinen Dozenten in Cambridge, die mir alles beigebracht haben, was man mit Worten tun kann, vor allem Hester, Raphael und Isobel. Mein Dank geht an Professor David Crystal, der mich an seinen Gedanken über terminologische Unterschiede zwischen Ausrufe*zeichen* und Ausrufe*punkt* dies- und jenseits des Atlantiks teilhaben ließ. Zu Dank verpflichtet bin ich auch den Designern Thierry Fétiveau und Walter Bohatsch, mit denen ich mich über neue Interpunktionszeichen unterhalten konnte.

Ich habe dieses Buch während meines Postdocs geschrieben, der vom Leverhulme Trust und der University of Sheffield finanziert wurde. Ich danke beiden Einrichtungen sehr für die unbegrenzte Zeit und Freiheit, die sie mir zum Forschen und Schreiben gewährt haben.

Herzlich bedanken möchte ich mich bei meinen langjährigen Unterstützerinnen, meiner verstorbenen Großmutter und meiner Schwester Daisy. Als ich noch zur Schule ging, haben beide schon gesagt, ich solle »einfach« ein Buch schreiben. Ich danke auch meiner Cousine Niloofar und meiner ältesten Freundin Nele, die mich auch schon lange anspornen. Mein Dank geht an Joris für diesen frechen französischen Ausdruck von Desproges, an Kim für das Korrekturlesen, an Meichi, die mit mir eine Website gebaut hat, an Steven für den schriftstellerischen Rat, an Melanie, die mir den ganzen Weg über zur Seite stand, an Lisa für ihre freundliche Geduld, mit der sie mir schon so lang zuhört, und an JJ, der mir aus einer sehr unangenehmen Situation herausgeholfen hat.

Meine Studentinnen und Studenten haben schon viel (vielleicht zu viel) von diesem Buch gehört, aber sie haben mich immer ermutigt, insbesondere Njomza, Emre, Sarah und Matt. Erwähnen möchte ich auch meinen Hund Alfie, der mir im Winter die Füße wärmte und im Sommer unter meiner Hängematte schnarchte und mir unkomplizierte Gesellschaft gab, während ich der eigenwilligen Aufgabe nachging, ein Buch zu schreiben.

Auch möchte ich Prem danken, der mich einlädt, mit Gefühl zu schreiben, wenn mich das Schreiben mit dem Verstand zu lange beschäftigt hat.

Dir gilt mein letzter, größter und tiefster Dank. Du bist mit mir nach Ithaka gereist und hast mich schließlich auch zurückbegleitet. Du hast mir das schönste Geschenk gemacht, meine mit grüner Energie betriebene Website, die mich davon überzeugt hat, dass dieses ganze Zeug über Punkte und Striche es wert ist, veröffentlicht zu werden. Hieraus haben sich so viele Dinge entwickelt. Auf meinem Handy liegen Tausende Fotos von Industrietürmen für dich, und ich weiß bis heute nicht, wie *Downton Abbey* endet. Vergiss nicht, Habibi, dass auch Ikarus flog. *Inta ya noor ayni.*

Bilder!

Ein Buch wie dieses hat unweigerlich etwas Elsterhaftes an sich – sammelt es doch Bilder, die den Gebrauch von Ausrufezeichen und anderen Punkten illustrieren sollen. Es wurden alle Anstrengungen unternommen, um bei den Inhabern der Bildrechte Abbruchgenehmigungen einzuholen, aber die Autorin und ihre Herausgeber würden sich über Hinweise freuen, um eventuell fehlende Danksagungen in zukünftige Auflagen einbinden zu können.

Unser Dank gilt:

Getty für die Fotos der europäischen Abgeordneten mit **!** (© Frederick Florin/AFP) und Alamy für die Grafik von Andrea Pittoni und das Foto von Sunak Rish (© PA Images);

James Victore für seinen Motivationspunkt;

der Twitter-Fotografin von Last Christmas Wham!;

der Person, die die **!**-Form von Yilan und Siçam zuerst entdeckt und ebenfalls auf Twitter geteilt hat;

Adam Calhoun für seine Visualisierungskarten;

Ben Blatt für seine Roman-Tabelle;

der British Library für das Beowulf-Manuskript;

Progressive Punctuation für ihre Zeichen;

Renan Gross für das Bild aus seinem Blog Sarcastic Resonance;

Walter Bohatsch für die Typojis

Wir bedanken uns für

Gerard Manley Hopkins' »The Windhover« © The Bodleian Libraries, University of Oxford, MS Bridges 61, S. 94–95;

Richard Artschwagers Ausrufezeichen © ARS, NY und DACS, London 2022;

das Schriftdesign für die Andersen Feeling Signs © Thierry Fétiveau, Type Foundry 205tf.

Trumps Wortkarte wurde von NBC erstellt.

Literatur!

Adorno, Theodor, »Satzzeichen«, in: *Akzente* 6 (1956).

Alpoleio da Urbisaglia, *De Ratione Punctandi* (1360).

Anonymous, *Beowulf* (Cotton MS Vitellius A XV, British Library).

Austen, Jane, *Persuasion* (London, 1817) übersetzt als *Überredung* von Ursula und Christian Grawe (Stuttgart, 2016).

Baron, Naomi, »Commas and canaries: the role of punctuation in speech and writing«, in: Language Sciences 23 (2001) S. 15–67.

Bohatsch, Walter, *Tipojis. Einige neue Zeichen* (Mainz, 2017).

The Boston Gazette, 21.1.1788 (Boston, Massachusetts).

Calhoun, Adam, »Punctuation in Novels« (2016) [via medium.com/@neuroecology].

The Chicago *Manual of Style*, 16. Auflage (Chicago, 2010).

Cotgrave, Randle, *A Dictionarie of the French and English Tongues* (London, 1611).

Crystal, David, »›Know my stops‹: Shakespearean punctuation« in: *Think on my Words: Exploring Shakespeare's Language* (Cambridge, 2021), S. 64–69.

Cummings, Edward Estlin, *The Complete Poems* (New York, 1973).

Defoe, Daniel, *The Life and Adventures of Robinson Crusoe, of York, Mariner* (London, 1719).

Demonet, Marie-Luce, »Ponctuation et Narration chez Rabelais et ses Contemporains«, in: *La Licorne* (2014).

Desproges, Pierre, *Encore des nouilles: Chroniques culinaires* (Paris, 2014).

Dworkin, Andrea, *Woman Hating: A Radical Look at Sexuality* (New York, 1974).

Edson, Margaret, »W;t« (London, 1999) übersetzt von Frank Heibert als *Geist*, in: Theater Heute (1999).

Ehlich, Konrad, *Sprache im Faschismus* (Berlin, 2009).

Fétiveau, Thierry, Andersen Schrift via [thierryfetiveau.fr].

Fowler, Henry and Francis, *The King's English* (London, 1906).

Frisch, Johann Leonhard, *Specimen Lexici Germanici* (1723).

Grimm, Jacob und Wilhelm, *Das Deutsche Wörterbuch* [via dwb.uni-trier.de].

Groß, Nina, »Die Verwendung von Ausrufezeichen in Zeitungstexten im Wandel der Zeit« (2018).

Hart, John, *The Opening of the Unreasonable Writing of Our Inglish Toung* (1551). *An Orthographie* (London, 1569).

Headley, Maria Dahvana, *Beowulf: A New Translation* (Melbourne, 2020).

Hemingway, Ernest, *The Old Man and the Sea* (New York, 1952), übersetzt als *Der Alte Mann und das Meer* von Annemarie Horschitz-Horst (Hamburg, 1979).

Hinman, Charlton, *The Printing and Proof-Reading of the First Folio* (Oxford, 1963).

Interrabang, Biagetti, Giuliani (Regisseur), Giancarlo Segarelli (Produzent), Salaria Films, (Italien 1969).

Jobard, Marcellin, »Lacunes de la Typographie«, *Industrie française: rapport sur l'exposition de 1839,* 2. Band, S. 336–356.

Johnson, Samuel, *A Dictionary of the English Language* (London, 1765).

Klemperer, Victor, *LTI – Lingua Tertii Imperii: Notizbuch eines Philologen* (Berlin, 1947).

Lowth, Robert, *A Short Introduction to English Grammar* (London, 1762).

Lukeman, Noah, *A Dash of Style: The Art and Mastery of Punctuation* (New York, 2006).

McLuhan, Marshall und Quentin Fiore, *The Medium is the Massage* (New York, 1967), übersetzt als *Das Medium ist die Massage*, (Berlin 1969).

Milward, Peter, »Exclamations in Hopkins's Poetry«, Renascence 42, (1989) 42, S. 111–118.

McCulloch, Gretchen, *Because Internet* (London, 2019).

Mitchell, Lee Clarke, *Mark My Words* (New York, 2020).

Morgenstern, Christian, »Im Reich der Interpunktionen« (1905).

Moxon, Joseph, *Mechanick Exercises: Or The Doctrine Of Handy-Works* (London, 1683).

Nielsen Norman Group, »First Rule of Usability? Don't Listen to Users« (4.8.2001) via [nngroup.com].

The Office, »Lecture Circuit Part 2«, Staffel 5, Episode 7 (2009).

Progressive Punctuation via [progressivepunctuation.com].

Rabelais, François, *Gargantua et Pantagruel* (Lyon, 1542).

Ratke, Wolfgang, *Die SchreibungsLehr der Christlichen Schule* (Leipzig, 1629).

Richards, A.I., *How to Read a Page* (New York, 1942).

Riederer, Friedrich, *Spiegel der wahren Rhetorik* (Freiburg, 1493).

Robertson, Joseph, *Essay on Punctuation* (London, 1785).

Robinson, Paul, »The Philosophy of Punctuation« in: *Opera, Sex, and Other Vital Matters* (2002).

Rukeyser, Muriel, »*The Craft of Poetry«, The New York Quarterly*, William Packard ed. (New York, 1974), S. 153–176. *The Life of Poetry* (Achfield, Ma., 1949).

Salutati, Coluccio, *De nobilitate legum et medicinae* (1399).

Schotter, Elizabeth (et al.), »So Much to Read, So Little Time: How Do We Read, and Can Speed Reading Help?«, in: Psychological Science in the Public Interest 17 (2016), S. 4–43.

Schottel, Justus Georg, *Teutsche Sprachkunst* (Wolfenbüttel, 1641).

Seinfeld, »The Sniffing Accountant«, Staffel 5, Episode 4 (1993).

Shakespeare et al, The Booke of Sir Thomas More (Harley MS 7368, British Library, ca. 1601–1604).

Mr. William Shakespeare's Comedies, Histories & Tragedies (London, 1623).

Shakespeare's dramatische Werke, Teil: 3, Der Sturm: Hamlet, übersetzt von August Wilhelm von Schlegel (Berlin 1798).

Silvertant, Martin, »The (unkerned) typeface of Trump's ›Make America Great Again‹ campaign slogan« (18.1.2020) [via medium.com/@msilvertant].

The Simpsons, »Moe'N'a Lisa«, Staffel 18, Episode 6 (2006).

Smith, John, *The Printer's Grammar* (1787, London).

Speckter, Martin, »Making a New Point, or, How About That …« TYPEtalks (1962).

Steele, David, *Elements of Punctuation* (London, 1786).

Straus, Jane, and Lester Kaufman, *The Blue Book of Grammar and Punctuation* (Hoboken, 2008).

Sutherland, Kathryn, *Jane Austen's Fiction Manuscripts* (Oxford, 2018).

Szendy, Peter, *A coups de points : La ponctuation comme expérience* (Paris, 2013).

Task, Larry, *The Penguin Guide to Punctuation* (London, 1997).

Tschechow, Anton, »Das Ausrufezeichen« (erstmals erschienen 1885) in: *Tschechow. Ein Lesebuch für unsere Zeit* übersetzt von Wolfgang Düwel (Berlin, 1987).

Van den Bos, Kees, »Justice and the Human Alarm System: The Impact of Exclamation Points and Flashing Lights on the Justice Judgment Process«, *Journal of Experimental Social Psychology* 44 (2008).

Victore, James, *Feck Perfuction* (San Francisco, 2019).

Waseleski, Carol, »Gender and the Use of Exclamation Points in Computer-Mediated Communication: An Analysis of Exclamations Posted to Two Electronic Discussion List« *Journal of Computer Mediated Communication* 11 (2006), S. 1012–1024.

Watson, Cecelia, *Semicolon, The Past, Present, and Future of a Misunderstood Mark* (New York, 2019).

Weiskott, Eric, »Making Beowulf Scream: Exclamatin and the Punctuation of Old English Poetry«, in: *The Journal of English and Germanic Philology* 111 (2012), S. 25–41.

Wolfe, Tom, *The Kandy-Kolored Tangerine-Flake Streamline Baby* (New York, 1965). *The Bonfire of the Vanities* (New York, 1987). *Fegefeuer der Eitelkeiten,* übersetzt von Benjamin Schwarz (München, 1988).

Über die Autorin!

FLORENCE HAZRAT, geboren in Berlin, ist eine der führenden Expertinnen auf dem Gebiet der Geschichte und Kultur der Zeichensetzung. Sie studierte Englische Literatur in Cambridge und promovierte an der St. Andrews-Universität. Danach forschte sie an den Universitäten in Genf und Sheffield. Zu ihrer Passion hat sie viele Interviews und Artikel veröffentlicht, u. a. im *Guardian*, in der *History Today* und der *Washington Post*. 2021 kürte sie die BBC zum »New Generation Thinker«.

florencehazrat.com